Contenido

PEDRO

un llamado a lo extraordinario

Ricardo Flores

e625.com

PEDRO, UN LLAMADO A LO EXTRAORDINARIO
e625 - 2024
Dallas, Texas
e625 ©2024 por Ricardo Flores

Todas las citas bíblicas son de la Nueva Biblia Viva (NBV) a menos que se indique lo contrario.

Editado por: **Marcelo Mataloni**
Diseño: **Nati Adami / Luvastudio**

ISBN: 978-1-954149-62-5

IMPRESO EN ESTADOS UNIDOS

En memoria de Brenda Orozco,
cuya vida fue un ejemplo de valentía y determinación.
Su coraje sigue inspirando a quienes la conocimos.

Gracias

A mi amada esposa: tu amor y apoyo constante me han impulsado a terminar lo que un día empecé. Gracias por estar a mi lado en cada paso de este viaje y por creer en mí.

A mi familia: agradezco a mis padres, hermanos y demás familiares por ser un faro que me ha guiado a lo largo de mi vida.

A mis amigos: a aquellos que me han enseñado, inspirado, motivado y brindado su amistad, les agradezco de todo corazón.

A todo el equipo de e625. Gracias por pulir mi trabajo y hacer que esta obra alcance su máximo potencial.

A mis maestros, mentores y pastores, quienes me brindaron su ayuda, consejo y apoyo, este libro no habría sido posible sin la contribución de muchos de ustedes.

Un agradecimiento especial a Lalo Quintero, Jorge Mario y a Marielos por su ayuda en este proyecto, les estoy muy agradecido.

Dejo para el final mi principal agradecimiento: a mi Dios, fuente inagotable de inspiración. Reconozco que todo esto ha sido posible sólo por su gracia, que se nota en cada palabra escrita y en cada persona que ha contribuido en este libro. Él lo hizo todo posible, toda la gloria deberá ser siempre para él.

Introducción

En la actualidad hay muchísimas historias diciéndonos que somos especiales, poniéndonos en el lugar del típico protagonista que se convierte en héroe. Como la de la chica que proviene de uno de los distritos más bajos, y se convierte en un ícono de la rebelión, encabezando la más épica revuelta y desafiando al Capitolio, en un enfrentamiento final que invertirá el orden social de su mundo. O como la de aquel niño huérfano, común y corriente, que recibe una carta de aceptación a la escuela de magia y hechicería, donde descubre que, tras una vida monótona y aburrida, él es el elegido y que posee el poder para enfrentar peligros en el mundo mágico y desentrañar los secretos de su pasado y de su destino. Puede ser por poder, inteligencia, belleza o la capacidad para cambiar algo, pero el protagonista siempre es alguien especial que, tras un descubrimiento, experimenta un giro total en su vida y allí comienza la narrativa.

La sobreexposición a este tipo de personajes nos ha enseñado, por diferentes medios, que los héroes «de verdad» no se equivocan, no fallan, siempre logran el cometido, salvan al mundo y rescatan a la dama en desgracia. Fracasar no parece estar permitido para estos personajes, ni por su público ni por ellos mismos. Equivocarse no es una opción (al menos, no equivocarse de verdad).

Por fortuna, el mundo no está destinado solo para unos cuantos seres especiales ni está hecho solo de superhombres o de mujeres maravilla. Rescatar la historia de un hombre como Pedro —que parece estar escondido a plena vista— me parece muy valioso. Hay tanta hambre por ver que se cumplan los estereotipos que a veces la sociedad es capaz de sacrificar individuos extraordinarios, en aras de llegar a ese ideal. Las Escrituras, en cambio, nos dan historias a las que sigo volviendo una y otra vez, tenga la edad que tenga, y que van ganando profundidad a medida que vuelvo a leerlas con la perspectiva que nos da el tiempo y la experiencia. Siempre me intrigó la historia de un hombre común y corriente, débil, sucio e imperfecto como Pedro; él es un personaje real y no uno perfecto y unidimensional, con una vida pública con aciertos y desaciertos y que aún hoy es recordado como uno de los hombres que cambiaron el mundo, marcaron la historia y mi propia vida.

Primera parte:
DE APÓSTOL A HÉROE

¡Cuán feliz es su iglesia, en la cual los apóstoles derramaron toda su doctrina junto con su sangre!

Tertuliano

Michelangelo Merisi da Caravaggio fue un famoso pintor italiano de principios del siglo XVII. Pintó uno de sus más famosos cuadros para la iglesia de Santa María del Popolo en Roma, alrededor del año 1600, memorable obra de arte conocida como La crucifixión de San Pedro. La representación del apóstol Pedro en esta obra es la de un decadente hombre de edad avanzada, pero que al mismo tiempo refleja un vigoroso semblante. El rostro del hombre, ya entrado en años, refleja angustia y temor; su mirada parece fija en su costado izquierdo, observando algo o a alguien que está fuera del cuadro. La luz central se enfoca en el personaje principal, dejando fuera, con rostros casi ocultos entre las sombras, a tres romanos que representan a sus verdugos. El cuerpo del apóstol ya está asegurado con clavos en sus manos y pies a una impecable cruz de madera, y es levantado hacia su inminente muerte, a través de cuerdas y fuerza humana.

La escena podría resultarnos familiar, similar a la de cualquier otro cuadro barroco de aquella época que represente la crucifixión de Cristo y, sin embargo, llama la atención que el cuerpo del apóstol está limpio y sin ningún rastro de sangre en sus manos y pies, y que la cruz en la que se ve morir al apóstol está cabeza abajo.

Con la dispersión de discípulos desde Jerusalén a todo lo ancho y largo del mundo antiguo, el cristianismo terminó atrayendo hacia la fe del Mesías judío a un gran grupo de gentiles. Para el gobierno de turno, la fe cristiana causó un gran disturbio entre los ciudadanos romanos y en la ciudad principal, uno que el Imperio no estaba dispuesto a tolerar. Todo empezó la noche del 18 de julio del año 64, cuando comenzó un feroz incendio que duró seis días y siete noches y devoró diez de los catorce barrios de la ciudad de Roma. Tácito, un historiador de la época, parece creer que el incendio se produjo a causa de un accidente, pero también cuenta que circularon varios rumores sobre el origen del fuego, que casi consumió la ciudad: la mayoría de estos rumores apuntaban a la locura del emperador Nerón, quien hizo todo lo posible para desestimar tales sospechas sobre su persona. Debido a que dos de los barrios que no habían ardido eran las zonas de la ciudad en que había más judíos y cristianos, fue fácil para el emperador señalar como culpables a los cristianos. Fue así como se inician dos siglos y medio de persecución, muerte y odio por parte del Imperio romano y su gente hacia los miembros de la nueva fe[1].

Al principio se persiguió a los cristianos por incendiarios, pero poco tiempo después comenzó la persecución por su fe, y cualquiera que confesara ser seguidor de Cristo era sentenciado a muerte, y así fueron condenados cientos de miles de cristianos. Ya es bien conocido, para la mayoría de nosotros, que además de matar a los cristianos, se los hizo servir de entretenimiento para el pueblo: se los vistió con pieles de bestias para que los perros los despedazaran, otros fueron prendidos fuego para que iluminaran los jardines del palacio de Nerón por la noche y saciar el capricho del emperador, otros miles de cristianos fueron llevados al circo romano para servir de espectáculo cruel a sus espectadores. Un sinnúmero de ellos fue crucificado, y no había otra forma de morir más atroz o despreciable que la crucifixión[2].

---

1 La persecución de Nerón fue puramente local y por una causa ajena a la fe profesada por los cristianos, de manera que no es una persecución en el sentido técnico de la palabra. Hablando con propiedad, más bien fue una estrategia política para desviar sospechas sobre su persona. Véase Alfonso Ropero, *Mártires y perseguidores, Historia general de las persecuciones, siglos I-X* (Barcelona: CLIE, 2010), 37.
2 Tom Holland, *Dominio: cómo el cristianismo dio forma a Occidente* (Barcelona: Ático de los libros, 2020), 13.

Es en este contexto de caza y hostigamiento que encontramos al apóstol Pedro, el hombre del que pintó Caravaggio. Su historia es la de un hombre cuyos mejores años ya habían pasado, y que ahora vive en un mundo que lo ha dejado atrás. Pedro, al igual que otros de los apóstoles, había tenido una vida itinerante; viajaba predicando el evangelio de Jesús y supervisando la vida de las iglesias que habían sido fundadas por otros colegas. La tradición cristiana de finales del primer siglo —que es complementada por varios escritos de principios del siglo segundo— ubica a este gigante de la fe regresando a Roma, por los años 63 o 64, donde fue detenido por el prefecto Agripa. En el mundo donde Pedro vivía ya no había lugar para apóstoles, y debido a su importancia en la organización cristiana y por los precedentes en contra de los cristianos, el héroe es condenado a morir.

Como ilustra Caravaggio en su obra, el apóstol sufrió la muerte por crucifixión; no obstante, la realidad parece ser un poco más dolorosa que lo retratado por el pintor. La escena debió desgarrar el alma de los presentes. Los intelectuales romanos estaban de acuerdo en que la crucifixión se trataba del peor fin imaginable, y a diferencia de las arenas en donde se ajusticiaba a los criminales para deleite de las multitudes enfervorecidas, la crucifixión era el castigo predilecto para los esclavos problemáticos; de hecho, eran expuestos a la vista del público como pedazos de carne en el puesto de un mercado y eso era, precisamente, lo que, a su vez, lo convertía en un castigo tan adecuado para los esclavos[3].

Aunque al inicio este cruel castigo tenía un efecto disuasorio para los esclavos problemáticos, «Nada plasmaba con más elocuencia el fracaso de una revuelta que la imagen de

---

3 Ibid.

cientos y cientos de cuerpos crucificados, fuera a lo largo de una carretera o agrupados frente a una ciudad rebelde cuyas montañas aledañas estuviesen desprovistas de árboles»[4]. Según los romanos, el orden en que amaban los dioses era el mismo orden que respetaban y defendían los magistrados investidos con toda la autoridad de la potencia del mundo, por lo que eliminaban a las alimañas de los pueblos gobernados que osaban desafiarlos, y lo hacían por medio de la cruz[5].

La virtud de la crucifixión era que combinaba la imposibilidad de respirar y de moverse, provocando un extremo dolor durante todo el proceso. Debido a la posición del crucificado en la cruz, los músculos intercostales están completamente extendidos, las costillas plenamente extendidas y el pecho se llena de aire pasivamente. Para poder respirar, la víctima tendría que elevarse a sí misma para liberar la presión de esos músculos y exhalar; este esfuerzo fatiga a la víctima, que acaba muriendo por agotamiento. El proceso podía durar desde tres o cuatro horas hasta tres o cuatro días. Para acelerar la muerte, muchas veces se golpeaban las piernas del ejecutado con un palo de madera hasta romperlas, quitándole así el punto de apoyo para poder izarse y seguir respirando, acelerando así su muerte.

El propio Señor, a quien Pedro servía, había sido condenado por Poncio Pilato por un delito capital contra el orden romano, durante el reinado de Tiberio, y había muerto también en una cruz, pero en una colina frente a las murallas de Jerusalén llamada Gólgota, que traducido es *Lugar de la calavera*. Las cuatro crónicas antiguas de esta ejecución,

---

4 Ibid., 14.
5 Ibid., 15.

escritas algunas décadas después de su muerte, especifican el trato recibido a mano de sus verdugos[6]. El apóstol Pedro, considerándose indigno de morir como su Maestro, pidió a sus ejecutores que lo crucificaran cabeza abajo.

¡Así no debería verse un apóstol!

Como ya se dejó claro, no hay ninguna postura cómoda en la cruz en la que se esté libre de dolor; si intentas izarte y respirar, estás fatigando los músculos y la postura es realmente molesta, y cuando te dejas caer para descansar, el dolor en las manos y los pies es insoportable ya que los clavos están presionando los nervios (esto sin contemplar el roce de la espalda lacerada con la áspera madera de la cruz). Ahora, imagina a un hombre crucificado con la cabeza hacia abajo. Todo el peso de su cuerpo no recae sobre las piernas sino en los débiles brazos; una crucifixión cabeza abajo hacía de esta muerte una más lenta, pero al mismo tiempo, más insoportable. Tan atroz era su muerte que el crucificado podría pasar días en esa posición, desangrándose o convertido en apestosa carroña para los buitres, que no esperaban la muerte de sus víctimas para arrancarles pedazos de carne y piel.

El escenario para este castigo fue el circo de la colina vaticana, uno de los terrenos más infames y desdichados fuera de los muros de Roma, que explica por qué después, cuando Roma se expandió más allá de sus antiguos muros, se necesitaron de las plantas más exóticas y aromáticas para enmascarar el olor a muerte de ese lugar[7]. El apóstol Pedro fue sepultado a poca distancia del lugar de su martirio, donde irónicamente hoy, por orden de Constantino I el

---

6 Ibid.
7 Ibid.

Grande se mandó a construir la famosa y antigua Basílica de San Pedro, en lo que es hoy la Ciudad del Vaticano.

Hay varias cosas que me hacen pensar que la historia de Pedro es especial, no porque sea fanático del personaje o porque me recuerde una parte específica de mi vida, sino porque sus convicciones e ideales de fe son críticos, al punto de matarlo y ponerle un punto final. ¿Qué llevó al apóstol Pedro a estar dispuesto a morir? ¿Qué tipo de lealtad es esta que ni siquiera se consideró digno para morir igual que su Maestro? Para responder a estas y otras preguntas, primero debemos estudiar la obra a la que con la muerte de Pedro se ponía fin: su misión como apóstol. Para esto, en esta primera parte deberemos abrir una ventana al pasado; analizaremos su participación en el Nuevo Testamento y también sus escritos, a fin de que nos ayuden a entender las convicciones e ideales del apóstol y, con base en estos, comprender el significado de su muerte.

Capítulo 1:
PESCADOR DE HOMBRES

En la década de los años 60 después de Cristo, cuando Pedro y Pablo fueron martirizados, el Evangelio era ampliamente proclamado por todo el mundo conocido. Para que este mensaje, que surgió en un grupo de alrededor de ciento veinte judíos en el Monte de los Olivos, llegara luego a tener esas proporciones, hubo un extenso recorrido que abordaremos en este capítulo. Para esto, es primordial para nuestra investigación apoyarnos en los hechos investigados y luego relatados por Lucas, el querido médico.

Desde los primeros capítulos, Lucas plantea el papel importante que jugarían los apóstoles en los planes de Dios para establecer su reino. Si se dividiera el libro de los Hechos en dos partes podría encontrarse fácilmente un protagonista en cada una de ellas: en la primera, definitivamente serían Pedro y los demás apóstoles, y en la segunda mitad serían Pablo y sus colaboradores —ya que la primera vez que encontramos a Pablo cobrar protagonismo es a la vez cuando la historia de Pedro comienza a desvanecerse del relato—.

El primer capítulo de Hechos provee una breve introducción a la narración del derramamiento pentecostal del Espíritu y sus consecuencias, y podemos observar dos temas principales: las conversaciones del Señor resucitado con sus discípulos en vísperas de su ascensión y la designación de Matías para cubrir la vacante en el apostolado causada por la traición y muerte de Judas Iscariote[8]. Desde el capítulo uno, Lucas deja en claro el liderazgo y protagonismo que Pedro tendrá en su narración.

---

8 F. F. Bruce, *Hechos de los Apóstoles: Introducción, comentarios y notas* (Grand Rapids: Desafío, 2007), 41.

El autor de Hechos nos cuenta que los discípulos permanecían en Jerusalén por instrucción del Señor y aprovechaban esa espera en unidad, y se dedicaban a la oración mientras se cumplía la promesa de la llegada del Espíritu Santo (1:14). Durante este tiempo, Pedro tiene la iniciativa de seleccionar un reemplazo de Judas, el suicida, y aunque la iniciativa es suya, el fallo es de Dios y así es elegido Matías (1:24).

Completos los doce, comienza un viaje por el mundo testificando de la resurrección y testimonio de Jesús de Nazaret. Algunos diccionarios definen el significado para la palabra testigo como «uno que testifica por acto o palabra de la verdad»[9]. Los discípulos de Jesús encajan perfectamente en esta definición como testigos oculares y presenciales de todo lo acontecido con Él —tanto en enseñanzas como en obras— y no es sino hasta la llegada del Espíritu Santo que los discípulos también se ajustan con la definición más técnica o jurídica del mismo término: «Persona que ha presenciado un hecho determinado o sabe alguna cosa y declara en un juicio dando testimonio de ello»[10]. Es decir, que para ser testigos no es suficiente solo con estar presente en los acontecimientos más importantes de la vida de Jesús, sino que también es necesario anunciarlo valientemente; para esta parte era preciso entonces el papel del Espíritu en los primeros creyentes. Esta dinámica entre el testimonio de los discípulos y el poder del Espíritu Santo para testificar delante de otros se deja ver claramente en todo el libro de los Hechos.

---

9 En la antigüedad, como en el presente, este era un término legal que designaba al testimonio dado por, o en contra de, uno en un juicio ante una corte. Fred L. Fisher, "Testigo, testimonio", *Diccionario de Teología*, ed. Everett F. Harrison, Geoffrey W. Bromiley, y Carl F. H. Henry (Grand Rapids: Desafío, 2006), 606.

10 C. T. Dimont, "Witness", *Dictionary of the apostolic church*, 2 Vols. ed. James Hastings, (New York: Charles Scribner's Sons, 1916–1918), 689.

La primera dinámica ocurre en Jerusalén el día de Pentecostés. La tercera persona de la Trinidad anunciaba con poder su entrada a la escena de la humanidad a la manera de un ruido como el de una violenta ráfaga de aire, trayendo consigo el viento que dio hálito de vida al cuerpo de Cristo en la tierra: la iglesia.

> *Entonces cada uno de los presentes quedó lleno del Espíritu Santo y empezó a hablar en idiomas que no conocía, pero que el Espíritu Santo le permitía hablar (Hechos 2:4)*
>
> *Al escuchar el estruendo que se producía sobre la casa, multitudes de personas corrieron a ver qué sucedía, y los extranjeros se quedaron pasmados al oír el idioma de sus respectivos países en boca de los discípulos (Hechos 2:6)*

El desconcierto y el asombro de los que eran ajenos a aquel grupo de primeros creyentes, dieron pie a que Pedro pronunciara un poderoso discurso que explicaba por medio de las Escrituras lo que acababa de acontecer, evidenciando a Jesús como el Cristo y terminando con un llamado al arrepentimiento y al bautismo (2:38).

Este potente mensaje, además del asombro de los presentes, trajo como resultado la conversión de unos tres mil en total, que se bautizaron y se unieron a los demás creyentes (2:41). El equivalente moderno para tal aceptación en la primera presentación pública de cualquier disciplina es conocido como ópera prima, lo que en el cine es el trabajo inicial de un director que deja claro que tiene mucho que aportar. En algunas situaciones, los autores jamás superan la fuerza de esa primera presentación, como es el caso de la conocida película Ciudadano Kane, obra de 1941 escrita, dirigida, producida y protagonizada por Orson Welles. Esta película es considerada como una de las obras maestras de la historia del cine, siendo particularmente alabada por su innovación en la música, fotografía y estructura narrativa. Costaría creer que ese fue el primer trabajo de Welles, y que por sorprender tanto a la crítica se le otorgaría su único premio de la academia. Welles jamás superó la fuerza de su debut.

El debut de Pedro como predicador asombró a todos, pero ese mismo Pedro no había sido capaz de comprender por sus propios medios las Escrituras unos meses atrás.

El debut de Pedro como predicador asombró y sorprendió a todos los presentes, pero lo que debió impresionar a aquel grupo de primeros creyentes residentes de Jerusalén (2:5) fue la elocuencia y sabiduría de las palabras del pescador (2:37). Hay que tener presente que ese mismo Pedro no había sido capaz de comprender por sus propios medios las Escrituras unos meses atrás (Mr 9:32-34; Jn 12:16; 16:16-33), pero ahora se expresaba con elocuencia y propiedad, y hacía evidente su comprensión de estas (Hch 2:17-21, 25-28, 34-35). Tampoco hay que olvidar que este es el mismo Pedro que cincuenta días antes había negado a su Maestro por temor a que lo apresaran (Jn 18:15-27) y que se escondió junto con los otros discípulos en Jerusalén por temor a que los reconocieran (Jn 20:19), pero ahora lo confesaba como el Mesías prometido (Hch 2:22, 24, 32, 36) frente a aquellos de los que se había ocultado (Hch 2:14). Ese mismo Pedro ahora era un testigo valiente de la resurrección del Señor Jesús, y convenció de arrepentimiento y llevó al bautismo a tres mil de sus hermanos judíos (2:41). Esto sin duda alguna no era mérito de Pedro sino del poder divino que ahora actuaba en él y en los otros discípulos. ¿Qué cambió en Pedro?

A partir del capítulo 3, Lucas narra los hechos más importantes en la vida de los apóstoles, figurando Pedro en la mayoría de ellos como quien toma la palabra o es el facilitador del milagro. Entre estos hechos se destacan la sanación del mendigo lisiado, el discurso de Pedro en el pórtico de Salomón, la conversión de miles, el discurso de Pedro y Juan ante el consejo, los sucesos acontecidos a Ananías y Safira, la sanación de Eneas y Dorcas, y un extenso etcétera. No hay espacio suficiente en este capítulo para dedicar una parte a cada narración; basta con decir que, a causa de su testimonio sobre la resurrección de Jesús, los apóstoles se metieron en problemas en varias ocasiones, hasta el punto de que fueron enviados a la cárcel para esperar ser llevados ante la asamblea general de los ancianos de Israel, una suerte de juicio tramado por el sumo sacerdote y sus partidarios, los saduceos (4:1-22; 5.17-42).

La discusión dentro del consejo entre los discípulos y la casta religiosa fue apasionada. Por un lado, el sumo sacerdote Caifás —cabeza de las élites religiosas— cuestionó a los apóstoles con estas palabras: «¿No les habíamos prohibido que volvieran a enseñar acerca de Jesús? Ustedes han llenado a Jerusalén de sus enseñanzas y tratan de descargar en nosotros la culpa de la muerte de ese hombre» (5:28). Por otro lado, Pedro —líder no nombrado de la iglesia primitiva— acometía con palabras desafiantes a las élites religiosas: «Tenemos que obedecer a Dios antes que a los hombres» (5:29), rebelándose no solo ante el sumo sacerdote sino en contra de toda la religión judía organizada, poniendo en jaque y haciendo hervir la sangre de los que oyeron esto, a punto tal que pretendían matarlo (5:33).

Algo similar ocurrió en el año 399 antes de Cristo, cuando los tribunales atenienses condenaron al filósofo Sócrates a comparecer ante un jurado compuesto por quinientos ciudadanos libres. Los cargos imputados al pensador eran los de corromper a los jóvenes y su manifiesto escepticismo sobre la existencia del panteón griego. La actitud provocativa y burlona de Sócrates ante sus acusadores le valió ser declarado culpable por doscientos ochenta votos de los miembros de dicho jurado, y la sentencia fue la pena de muerte. Finalmente, a pesar de los intentos de fuga, su último acto como ciudadano fue obedecer las leyes y asumió su castigo con alegría; a la edad de setenta años, Sócrates acepta beber cicuta y así cumplir con la pena que le impusieron.

Sócrates, con todo y su reconocida sabiduría, no pudo librarse de las acusaciones de sus perseguidores, pero a diferencia del filósofo, los apóstoles contaban con una sabiduría mayor a la de cualquier hombre. A pesar de las hostiles interrogaciones conducidas por el sumo sacerdote, es bien conocido el coraje con el que los apóstoles encaraban el desafío que suponía la religión organizada. El resultado de este careo entre la nueva religión y sus dirigentes resultó en la orden de azotarlos, y les exigieron que no volvieran a hablar en el nombre de Jesús (5:40). El poder del Espíritu Santo cumplía la función de ayudar a los apóstoles a soportar las sanciones, como amenazas, advertencias, prohibiciones e incluso azotes, y como más adelante quedaría demostrado por Esteban, el poder del Espíritu serviría también para soportar la muerte valientemente (7:54-60).

Allí aparece en escena Saulo de Tarso, quien se mostraba como perseguidor de la iglesia, motivado por su celo de preservar sin adulteración la ley de Moisés, exclusiva para los judíos. Arrastró a la prisión a los judíos cristianos que cambiaban a Moisés por Cristo[11], y es en ese contexto que Lucas presenta el relato del capítulo 10 del libro de los Hechos, en donde Pedro es guiado directamente por Dios a testificar y bautizar a Cornelio, el centurión romano[12]. El apóstol Pedro se había quedado hospedado en la casa de un tal Simón —que era curtidor de cueros[13]—, en Jope (10:6)[14].

Mientras oraba en la terraza de la casa de este hombre, recibió una visión en la cual vio abrirse el cielo y aparecer algo parecido a una sábana, que descendía hacia la tierra; en ella había toda clase de animales que para las leyes de pureza de los judíos no debían comerse (10:9-23), y al mismo tiempo de presentarse esta visión, una voz del cielo invitaba a Pedro a matar a cualquiera de los animales y a comérselo. Pedro, como buen judío, se negó a participar de ese festín, pero la voz le reprochaba que no llamara impuro a lo que Dios ya había purificado. Después de eso, es invitado a la

---

11 William McBirnie, *En busca de los doce apóstoles* (Carol Stream: Tyndale House Publishers, 2009), 13.

12 Los judíos conservadores no entrarían a la casa de un gentil ni permitirían que un gentil entrara a la suya. Pedro enfrenta un problema al ser invitado a la la casa de Cornelio. A pesar de que la mayoría de los judíos liberales probablemente no tendría objeción alguna, Pedro tiene que estar preocupado por la parte conservadora dentro de la iglesia judía, que eventualmente incluiría hasta los fariseos (15:5). Véase: Craig S. Keener, *Comentario del contexto cultural de la Biblia: Nuevo Testamento* (El Paso: Mundo Hispano, 2017), 350.

13 Su profesión era despreciada por los pietistas conservadores. Algunos rabinos permitían algunos negocios a corto plazo con los gentiles y reconocían que algunas tiendas empleaban tanto a gentiles como a judíos. Keener, *Comentario del contexto cultural*, 350.

14 Jope era una ciudad grande y mixta. En muchas ciudades del mundo romano la gente del mismo oficio vivía en el mismo distrito. Ibid.

casa de un gentil llamado Cornelio para que le anuncie el Evangelio a él y a su familia.

Salvando las diferencias, algo parecido se retrata en el drama bélico que lleva por nombre *Lágrimas del sol*, donde se encomienda a A. K. Waters, un teniente de las Fuerzas Especiales de los Navy SEAL y su pequeño pelotón, a proteger a un grupo de víctimas de la guerra civil de Nigeria que se encontraban resguardados con la doctora Lena Kendricks. Al comprobar de primera mano la brutalidad de los rebeldes, se acogen a la causa y ponen sus vidas en peligro escoltando a los habitantes del poblado a la frontera más cercana, donde gozarán de asilo político, en una peligrosa marcha a través de la densa jungla. En esta película, Waters y sus hombres deben elegir entre el deber y la piedad, así como Pedro tuvo que elegir entre obedecer el deber religioso o la voz de Dios.

La frontera ahora estaba abierta, y lo que Pedro debía hacer era conducir a aquellos hombres y mujeres a que la cruzaran, y así poder entregar su alma al Mesías. Lucas recoge el relato y lo resume de esta manera:

> *Entonces Pedro les dijo: Ustedes saben que al entrar yo aquí estoy quebrantando la ley judía que prohíbe entrar a la casa de un gentil. Pero Dios me ha mostrado en visión que no debo considerar profana o impura a ninguna persona (Hechos 10:28).*

Pedro comprendió que en realidad para Dios no hay favoritismos, sino que en toda nación él ve con agrado a los que le temen y actúan con justicia (10:35). De acuerdo con el plan de Dios, no debía haber ningún impedimento para la salvación de los no judíos.

Capítulo 1: PESCADOR DE HOMBRES

La defensa de Pedro no se basó en lo que él hizo sino en lo que Dios hizo.

La defensa de Pedro no se basó en lo que él hizo sino en lo que Dios hizo[15], como queda en evidencia en la respuesta que brindó a sus críticos:

> *Ahora, díganme, si Dios mismo les dio a los gentiles el mismo don que nos dio a nosotros cuando creímos en el Señor Jesucristo, ¿quién era yo para oponerme a Dios?* (Hechos 11:17)

Este es un punto crucial en el relato de Hechos, ya que por primera vez la iglesia evangeliza activamente a los gentiles[16]. Pedro, mediante la gracia del Señor Jesucristo, abrió la puerta primero a Cornelio y a los suyos, la misma puerta por la que muchos otros —veinte siglos después— pueden seguir entrando. Gracias a la ruptura de los prejuicios de Pedro y a su obediencia, el camino fue posible.

Tanto Hechos 8:4 como 11:19 comienzan con las mismas palabras: «Los creyentes que habían huido de Jerusalén...». Esta expresión relata cómo los dispersados por la persecución que siguió a la muerte de Esteban seguían predicando las buenas nuevas del evangelio de Jesús de Nazaret. Ya para el capítulo 11, Esteban no era el único mártir, ya que el rey Herodes había hecho arrestar a algunos miembros de

---

15 John F. Walvoord y Roy B. Zuck, *El conocimiento bíblico, un comentario expositivo: Nuevo Testamento, tomo 2*: San Juan, Hechos, Romanos (Puebla: Las Américas, 1996), 171.
16 Los samaritanos del capítulo 8 eran parcialmente judíos; el eunuco etíope iba leyendo por sí mismo Isaías 53 cuando regresaba de Jerusalén y aun Cornelio tomó la iniciativa de conocer el evangelio por labios de Pedro, pero aquí es donde la iglesia da los primeros pasos para llevar el mensaje a los gentiles. Ibid., 171–172.

la iglesia con el fin de matarlos; por ejemplo, a Jacobo, hermano de Juan, lo mandó a matar a filo de espada. Jacobo integró el círculo más íntimo de los discípulos de Jesús, ya que varias veces en los Evangelios se lo menciona junto a Pedro y Juan (Mc 5:37; 14:32-33, etc.). De estos tres, del que menos sabemos es de Jacobo; sin duda fue una figura digna de mención entre los apóstoles[17], pero a pesar del relativo silencio del relato bíblico acerca de él, podemos intuir que era un amigo muy cercano de Pedro y una pérdida importante para la iglesia del primer siglo.

Bajo este contexto, y en esas circunstancias, Pedro había sido detenido para ser enjuiciado, pero pudo escapar de manera milagrosa de la cárcel y de su custodio personal con la ayuda de un ángel, quien lo libró de los grilletes, cadenas y puertas que lo resguardaban (12:1-19). Después de reunirse con la iglesia de Jerusalén y contarle a Jacobo (hermano de Jesús) lo sucedido, viajó de Judea a Cesarea y se quedó allí por un largo tiempo. Debido a la persecución que desató la muerte de Esteban, había discípulos en Fenicia, Chipre y Antioquía que no anunciaban a nadie el mensaje excepto a los judíos, y con el ejemplo de Pedro, Pablo y Bernabé la predicación a los demás fue posible.

Para terminar, el capítulo 15 del libro de los Hechos registra el primer concilio de la iglesia, el que tiene como sede a la ciudad de Jerusalén por el año 46 de nuestra era; allí se reunieron los apóstoles que aún quedaban con vida junto a los ancianos[18] para discutir un tema por demás importante

---

17 Véase: McBirnie, *En busca de los doce apóstoles*, 63.

18 Para el erudito del Nuevo Testamento Craig L. Blomberg existe alguna evidencia de que en la capital judía los ancianos ya habían sustituido a los apóstoles y habían tomado así la responsabilidad como líderes locales. Craig L. Blomberg, *De Pentecostés a Patmos: una introducción a los libros de los Hechos a Apocalipsis* (Miami: Vida, 2011), 61.

para la iglesia: el asunto estaba relacionado con el interés de un grupo de cristianos que creían que era necesario circuncidar a los gentiles y exigirles que obedecieran la Ley de Moisés[19].

Este no era un tema para tomar a la ligera, y reposaría en los hombros de los apóstoles el decidir si debían o no imponer estos requisitos a los gentiles. Después de haberlo discutido por largo rato, como es la costumbre en Hechos, Pedro es el primero en tomar la palabra (15:7) y llamar a la reflexión a los que allí discutían. En su discurso, llama a no provocar a Dios poniendo sobre los no judíos el yugo de la Ley (15:10), postura que fue secundada por Jacobo y respaldado por el testimonio de Pablo y Bernabé, que habían recorrido ciudades gentiles importantes, y habían visto cómo los creyentes eran movidos a creer en el Señor (15:12). A partir de allí, se tomó una firme decisión que prevalece hasta nuestros días: no estorbar a quienes quieren convertirse a Dios pero no son judíos. Pablo sería un férreo defensor de este convenio, reprendiendo a los conocidos como judaizantes, que buscaban pervertir la enseñanza de la gracia.

Salvando las diferencias, el 26 de junio de 1945, los representantes de los cincuenta países miembros firmaron la Carta de las Naciones Unidas (esto después de la devastación y los horrores provocados por la Segunda Guerra Mundial). Los delegados deliberaron sobre la base de propuestas preparadas por los representantes de China, Unión Soviética, Reino Unido y Estados Unidos para redactar esta carta,

---

19 Básicamente estaban diciéndoles que para ser cristianos primero tenían que ser judíos. Si este acercamiento hubiera prevalecido, el cristianismo nunca habría dejado de ser una secta judía más; por tanto, no es de sorprender que, ante una cuestión tan seria, se convocara a una reunión en Jerusalén. Véase: Ibid. 67.

y este tratado recoge el compromiso de los respectivos gobiernos a seguir apoyándose y luchando juntos en contra de cualquier potencia que amenace la soberanía de cada nación firmante. El compromiso actualmente sigue firme, y cada vez son más las naciones que se adhieren a este tratado.

La Carta de las Naciones Unidas se parece al acuerdo al que se llegó en el concilio de Jerusalén, allá por el año 46 de nuestra era; la decisión sigue vigente hasta nuestros días y permite que sea la gracia el único medio para obtener la salvación. Pequeña decisión, ¿no es así?

Esta será la última vez que encontremos un registro escrito de Pedro en el libro de Hechos, con algunas menciones en la correspondencia de Pablo con otras iglesias. Aunque débil, este es un intento por retratar el rumbo de ese primer grupo de judíos renovados por el poder del Espíritu Santo que cargaban en sus hombros todo el peso de cambiar al mundo. Este intento por registrar los momentos más importantes del ministerio de Pedro y de los otros apóstoles puede resumirse en una palabra: ¡extraordinario!

Este es el mejor intento por rescatar el camino en ascenso de estos nuevos guardianes de la verdad. Pedro y los otros recibieron la instrucción de salir y cambiar el mundo, y fue justamente lo que hicieron. En dos de los primeros mensajes públicos de Pedro, la cifra de arrepentidos sumó ocho mil; para sanar enfermos solo bastó un pequeño toque de su sombra, y para expulsar demonios fue suficiente una palabra suya. La providencia de Dios iba con él a donde quiera que fuera, y lo acompañó durante todos sus viajes por todas las ciudades. Las decisiones que Pedro y los otros tomaron dieron forma a la Iglesia, y sus escritos formaron parte del

Nuevo Testamento. Su obediencia abrió las puertas para que muchos otros —como tú y yo— entraran en la promesa de la salvación del Hijo de Dios.

Así ponemos fin a este primer capítulo del apóstol. Culminamos el ascenso y la notoriedad de su ministerio porque esto no duraría para siempre, ya que esta es la última vez que encontramos un registro escrito de Pedro, y no será hasta su primera epístola que volvamos a tener información de él (al menos una década después), pero cuando lo hallemos nuevamente, lo veremos al final de sus días con una madurez espiritual extraordinaria.

Capítulo 2:
ENFRENTANDO LA PERSECUCIÓN

En la época de la muerte de Pedro (entre los años 64 al 68 d. C.), los evangelios de Marcos y Mateo acababan de ser escritos —poco a poco comenzaban a circular por las iglesias y ciudades más importantes del mundo antiguo—, Lucas probablemente estaba terminando de escribir los dos tomos de su tratado, y a esas alturas Juan todavía no había escrito el suyo. En el momento de la muerte de Pedro serían escasos los cristianos y pocas las iglesias que habrían tenido contacto con estos registros históricos de la vida de Jesús y del apóstol. Los historiadores coinciden en lo conocido que era Pedro y en la influencia que tenía a principios de la década de los 60, seguramente por sus múltiples visitas a las iglesias, su papel en las decisiones de la Iglesia y por las epístolas escritas a los cristianos.

Este parece ser un buen lugar para empezar. Pedro escribió dos epístolas que pertenecen a la categoría de las ocho cartas que conocemos como epístolas generales, que fueron populares entre los cristianos del primer y segundo siglo porque fueron escritas por los mismos discípulos directos del Señor Jesucristo, dirigidas a congregaciones e individuos específicos, pero que por su alto contenido doctrinal circularon entre muchas otras iglesias. A fines prácticos, aquí comenzaremos estudiando las epístolas de Pedro en orden cronológico, iniciando con el análisis de su primera carta.

Pedro escribió su epístola desde Roma, muy probablemente justo antes o durante los comienzos de la persecución de Nerón en el año 64. Todo esto sugiere que la fecha más exacta para fechar el primer escrito de Pedro sería entre el año 63 o principios del 64, es decir, en los últimos años de vida del apóstol. Esta carta ya no era su «ópera prima», y tampoco era Pedro aquel que encontramos en el capítulo 2 de Hechos, cincuenta días después de la ascensión de Jesús. A quien tenemos delante de nuestros ojos es a alguien ya entrado en la vejez y, a la vez, a un apóstol más experimentado; al menos han pasado dieciocho años desde el concilio de Jerusalén, en donde lo vimos tomar la palabra tan enérgicamente por última vez, y ahora lo tenemos delante de nuestros ojos ya más sereno.

La carta estaba dirigida a cristianos «que han sido elegidos y que viven como extranjeros esparcidos por el Ponto, Galacia, Capadocia, Asia y Bitinia» (lo que actualmente es Turquía); no sabemos mucho de estos cristianos, ya que estas regiones eran provincias romanas que abarcaban muchos pueblos, que vivían en condiciones diferentes unos de otros por la cultura y por su organización política. No es de sorprender entonces que Pedro dé un relato poco detallado o inexistente de sus destinatarios y de sus condiciones de vida[20]; lo que sí sabemos, con un alto grado de certeza, es que su audiencia estaba formada en su mayoría por gentiles, con un pequeño porcentaje de judíos entre ellos.

Además, otra información que poseemos de los cristianos a los que escribe Pedro es que atravesaban momentos difíciles, ya que el sufrimiento es uno de los temas principales que trata la epístola. A pesar de ser tan breve, la carta utiliza el verbo *sufrir* y el sustantivo *sufrimiento* aproximadamente dieciséis veces, mucho más que cualquier otro libro del Nuevo Testamento[21]. En palabras de Pedro, el sufrimiento puede ser descrito con las siguientes expresiones: penas (1 Pedro 2:19), calumnias (3:16, NVI) e insultos (4:14); en otras palabras, se trata de un trato cruel por parte de otros,

---

20 Frank Thielman, *Teología del Nuevo Testamento*, traducido por Miguel Mesías (Miami: Vida, 2006), 633.
21 Pablo Sywulka, *"El sufrimiento de Cristo como patrón para el creyente en I Pedro"*, Kairós 8 (1991): 53-67.

y todo esto de manera injusta, ya que no se ha hecho algo que merezca tales ofensas.

Está bien documentado que para la fecha en la que escribe Pedro su primera epístola existía un desprecio colectivo hacia los cristianos, a quienes se los aborrecía por instinto y a los que se les recriminaba por su conducta: cualquier motivo, por mínimo que fuese, bastaba para desatar la discordia y la violencia[22]. Como dije anteriormente, a inicios de la década de los 60 del primer siglo no es posible hablar de una persecución sistemática por parte del Imperio, sino más bien de una hostilidad hacia los cristianos[23]. Previamente, abordamos algunos detalles de la cruel persecución que se iniciaría a manos del emperador Nerón, en la que murieron miles de cristianos, apoyándose en el odio popular para impulsar la caza de cristianos por parte del Estado[24].

Durante los desafortunados eventos del 7 de diciembre de 1941, el pueblo estadounidense esperaba expectante instrucciones de su entonces comandante supremo de las Fuerzas Armadas con respecto a la posición que EE. UU. debía tomar en respuesta al ataque japonés que había acabado con la vida de tres mil de sus compatriotas en la base naval de Pearl Harbor. La respuesta del comandante general del Ejército y de la Marina, Franklin Delano Roosevelt, vino en forma de enérgico discurso a toda la población: concluyó en solicitar al Congreso la declaración del estado de guerra,

---

22 Ropero, *Mártires y perseguidores*, 69-71.
23 Las bases para esta hostilidad se sostenían en el tenor de las XII Tablas, una ley romana. Esta antigua ley prohibía las religiones extranjeras en todos los dominios del Imperio; con el fin de conciliar las provincias conquistadas, se había acostumbrado a tolerar el culto de sus religiones, pero tan pronto como apareció el cristianismo, se puso de nuevo en vigor. John Fletcher Hurst y Alfonso Ropero, *Historia General del cristianismo: del siglo I al siglo XXI* (Barcelona: CLIE, 2008), 42.
24 Ropero, *Mártires y perseguidores*, 69-71.

para así poder movilizar a todo el país en pos de la lucha. De igual manera, la iglesia primitiva esperaba instrucciones de cómo debería proceder en estas circunstancias y cómo comportarse en medio de tal hostilidad, y las esperaba de los apóstoles, sus generales de la fe. Pedro, consciente de la necesidad de la iglesia, aborda ampliamente el tema en esta epístola.

Para Pedro, el desprecio y la oposición de los cuales eran víctimas sus destinatarios era injusto, ya que las razones que él mismo da de sus sufrimientos las describe con las palabras: «Por ser responsable ante Dios» (2:19), «por hacer lo que es justo» (3:14), «por causa de Cristo» (4:14) y «por ser cristiano» (4:16). Hay que tener en mente el propósito de Pedro al escribir la epístola, ya que intenta que sus lectores conformen una comunidad santa (2:5-9), y como pueblo santo de Dios (2:10) exige de ellos una conducta externa piadosa; esto se nota con palabras como: «No le hagan mal al que les hizo mal ni insulten al que los insultó» (3:9), con el propósito de «maximizar un impacto positivo y minimizar la respuesta negativa entre las personas no creyentes de la sociedad»[25]. Pedro explica la tensión aparentemente inevitable que se generaba entre los cristianos y la sociedad romana, pero a pesar de esto debían prevalecer los valores del Reino, y lo expresa con ideas como las siguientes:

> *¿Quién les va a hacer mal si ustedes se esfuerzan siempre en hacer el bien? Pero si sufren por hacer lo que es justo, ¡dichosos sean! No le tengan miedo a nadie ni se asusten. Más bien, honren en su corazón a Cristo como Señor. Estén siempre listos para responder a todo el que*

---

25 Blomberg, *De Pentecostés a Patmos*, 512.

les pida explicaciones sobre la esperanza que ustedes tienen. Pero háganlo con amabilidad y respeto, de tal forma que a ustedes les quede la conciencia limpia. Así, los que hablan mal de la buena conducta de ustedes como creyentes en Cristo, se avergonzarán de sus palabras. Si Dios así lo quiere, es mejor sufrir por hacer el bien que por hacer el mal. (1 Pedro 3:13-17)

Pedro era un sobreviviente, uno de los pocos que estuvo desde el inicio de todo, un testigo ocular de aquello que empezó como un pequeño grupo de ciento veinte personas en el monte los Olivos tres décadas atrás, y que vio cómo ese pequeño movimiento se había transformado en el movimiento de fe más grande de su tiempo. Así como Pedro vio crecer el número de aquellos que iban siendo añadidos a la Iglesia (Hch 2:47), también vio disminuir el número de creyentes por las persecuciones de aquellos como Saulo de Tarso, Herodes y otros.

Él conocía de primera mano el hostigamiento y el desprecio colectivo del que eran víctimas los cristianos a los que escribe. Pedro experimentó el dolor provocado por los golpes y también comprobó que la llenura del Espíritu Santo no hacía menos intenso el dolor de los azotes; vio morir a otros, entre ellos a sus amigos más íntimos, como los dos Jacobos, junto a otros cristianos, y sabía lo delicado y serio de llamar a sus hermanos a estar preparados para «responder a todo el que les pida explicaciones». Esto último no es algo que haya sido escrito solo para los cristianos del primer siglo, y tampoco los romanos fueron los únicos que pidieron cuenta de su fe a los cristianos: hoy en día, hay historias de hombres y mujeres valientes que han entregado su vida en países de Medio Oriente, casos singularmente tristes como el de una poetisa de veintiséis años llamada Fátima Al-Mutayri, quien fue asesinada por su propio hermano en Arabia Saudí, cortándole la lengua e incinerándola hasta su muerte por haber encontrado meditaciones sobre la fe cristiana en internet escritas por ella.

En nuestros círculos actuales, el gozo y el sufrimiento parecen ser opuestos o antónimos.

En nuestros círculos actuales, el gozo y el sufrimiento parecen ser opuestos o antónimos, pero para Pedro el sufrimiento no debía sonar extraño para sus lectores, o sorprenderlos como si fuera algo insólito, sino que debían alegrarse por tener participación en ellos, ya que las pruebas y el sufrimiento son parte indispensable de la formación de una fe verdadera. En la sección de 2:11 a 4:19 de su primera epístola, Pedro enfatiza la virtud del sufrimiento injusto, dando varios ejemplos de sometimiento, entre los que destacan la sumisión a los gobernantes y autoridades (2:13-17), la relación entre esclavos y amos (2:18-19) y entre esposas y esposos (3:1-7)[26], pero para él, el mayor ejemplo de firmeza y obediencia en medio del desprecio y de la oposición injusta es Jesús. En 1 Pedro 2:22 dice que «Cristo no cometió ningún pecado ni engañó jamás a nadie» llamándolo en 3:18 «el justo» que murió «por los injustos», aquel que no dio causa justa de acusación, ni antes de su pasión ni durante la misma[27]. Pedro presenta a Jesús no solo como ejemplo para todos los creyentes que sufren por haber hecho el mal (2:22; 3:17; 4:15), sino como el modelo por excelencia.

---

26 Ibid., 513-15.
27 Sywulka, *El sufrimiento de Cristo como patrón en I Pedro*, 53-67.

Para Pedro, padecer cualquier maltrato por causa de la justicia significaba participar del mismo sufrimiento de su Señor, y por eso exhorta a sus lectores a participar del mismo con contentamiento, con planteamientos como este:

> *Al contrario, alégrense de tener parte en los sufrimientos de Cristo, para que también se alegren muchísimo cuando se muestre la gloria de Cristo. Dichosos ustedes si los insultan por causa de Cristo, porque el glorioso Espíritu de Dios está siempre con ustedes.* (1 Pedro 4:13-14)

Durante la tragedia del huracán Katrina en agosto de 2005, los miembros de una pequeña iglesia en Nueva Orleans habían ido en busca de refugio de la tormenta a su templo. Debido a los intensos vientos, la fuerte lluvia y la suspensión del servicio eléctrico quedaron encerrados allí durante tres días. Atemorizados porque el nivel del agua poco a poco comenzaba a subir y amenazaba con cubrirlos hasta el cuello, en lugar de entregarse al temor y la desesperación, uno a uno fueron uniendo sus voces y comenzaron a cantar. Cantaron toda la noche esperando su rescate o hasta que la muerte los sorprendiera.

¿Por qué los miembros de esta iglesia encontraron gozo en medio del dolor y la tribulación que amenazaba cubrirlos hasta el cuello? Bueno, la invitación a participar con alegría de los sufrimientos la hace Pedro, pero la fuerza para cantar en medio de la desesperación y la tragedia la da el Espíritu Santo, quien es el único que alimenta la fe en medio de la angustia del sufrimiento y da como resultado gozo.

El mensaje de Pedro a resistir con fe, esperanza y gozo en el sufrimiento no era una indicación desde la tranquilidad de un escritorio u oficina, sino que era un llamado desde la experiencia. Su cuerpo ya no era el mismo que el de cuando todo había empezado; su espalda ahora guardaba rastros de laceraciones y cicatrices de vapuleos y flagelos de los que había sido víctima por predicar las buenas noticias acerca del Mesías, pero debajo de estas marcas guardaba una sonrisa por honrar a Cristo en medio del dolor y por considerarse dichoso por sufrir por causa de la justicia.

Pero no todo el dolor es físico ni toda cicatriz es visible.

Hace algunos años me topé con una de las historias más inspiradoras que jamás he oído: la de Horatio Gates Spafford, un devoto presbiteriano y exitoso abogado del siglo XVII, que contrajo nupcias con Anna Larssen. La vida no fue fácil para los Spafford, ya que conocieron la tragedia cuando perdieron a su primer hijo a la edad de 4 años, y luego la reencontraron en 1871 cuando fueron afectados económicamente por el *Gran Incendio de Chicago*, pero nada los preparó para 1873, año en que habían planeado tomar unas vacaciones en Inglaterra: Horatio decidió enviar primero a su esposa y a sus cuatro hijas, y luego él las alcanzaría.

Mientras el barco en el que su familia se transportaba cruzaba el Atlántico, chocó violentamente con el velero The Loch Earn, lo que causó que el S.S. Ville du Havre se hundiera rápidamente. Muchos pasajeros y tripulantes del barco murieron ahogados, entre quienes se encontraban las cuatro hijas de Horatio; su esposa sobrevivió, y al desembarcar en Gales envió un telegrama a su esposo para ponerlo al corriente de las malas noticias.

Al enterarse, Horatio partió para encontrarse con su esposa en Europa. Durante el viaje, el capitán de la nave llamó a Spafford y le dijo que, según sus cálculos, en ese momento estaban atravesando el sitio exacto donde se había hundido el S.S. Ville du Havre y donde había perdido a sus cuatro hijas. El resultado de esa dura experiencia, el dolor que pudo atravesar y los tristes días a bordo fueron el caldo de cultivo para que pudiera componer el himno *Estoy bien con mi Dios*, que por tantas generaciones ha traído consuelo a quienes hemos atravesado momentos dolorosos. Las estrofas encierran el consuelo y la paz que Dios puede dar en medio de la más tempestuosa prueba. A continuación, te comparto algunas estrofas:

> *De paz inundada mi senda esté*
> *o cúbrala un mar de aflicción,*
> *cualquiera que sea mi suerte, diré:*
> *Estoy bien, tengo paz, ¡gloria a Dios!*
> *(...)*
> *La fe tornárase en feliz realidad*
> *al irse la niebla veloz;*
> *desciende Jesús con su gran Majestad,*
> *¡Aleluya, estoy bien con mi Dios!*

Contrario a lo que mucha gente cree, el sufrimiento —aun haciendo el bien— parece ser una constante en la vida del creyente; no solo en la experiencia de Pedro, sino en la vida de Fátima Al-Mutayri, asesinada por su hermano, o de Spafford, que perdió a sus cuatro hijas el mismo día, o de los miembros de la pequeña iglesia en Nueva Orleans que sufrieron las horas más sombrías durante el huracán Katrina, por nombrar algunos ejemplos. Aunque el sufrimiento es una constante en la vida de los cristianos, de este también pueden obtenerse alegrías y bendiciones (4:12-14) y es posible hallar esperanza en medio del sufrimiento como lo han experimentado cientos de miles de hombres y mujeres anónimos que han logrado resistir con fe, esperanza y gozo aun en medio del sufrimiento más grande.

Vivir una vida santa nos distingue del resto del mundo, pero sufrir con gozo diferencia a los verdaderos cristianos del resto de los creyentes.

Los padecimientos temporales que experimentaban los cristianos de Asia Menor, aunque causados por agentes externos, estaban bajo el control de Dios, incluso cuando no formaban parte de su plan para este mundo (1:5-6)[28]. Esta epístola no es una defensa del sufrimiento, ni mucho menos pretende responder a la pregunta del porqué del dolor; más bien parece un llamado a aceptar gozosos el sufrimiento. Si se me permite resumir la epístola en una oración, lo haría así: vivir una vida santa nos distingue del resto del mundo, pero sufrir con gozo diferencia a los verdaderos cristianos del resto de los creyentes.

En esta segunda parada en el itinerario del viaje de Pedro, es necesario reconocer que sus mejores años han pasado y que el mundo en el que vive lo ha dejado atrás, y no solo eso, sino que ese mundo ha comenzado a cazar a aquellos que son como él. En esta etapa, Pedro y el resto de los cristianos debieron aceptar que no todo es para siempre y que cuando Dios quiere cambiar el mundo, en palabras de N. T. Wright,

---

28 Peter H. Davids, *La primera epístola de Pedro* (Barcelona: CLIE, 2004) 96-97.

no enviará tanques o bombas sino a los humildes, a los pacificadores, a los misericordiosos y a los de corazón puro.

Capítulo 3:
BAJO LA SOMBRA DEL IMPERIO

El 28 de mayo de 2014, la joven inglesa Athena Orchard, de tan solo 13 años, perdió la última batalla contra un tipo de cáncer llamado osteosarcoma. Pocos días después de su muerte, en su hogar en Leicester, su familia encontró una nota con tres mil palabras que Athena había escondido detrás del espejo de su habitación. Aún devastados por la pérdida, la familia pudo encontrar fortaleza en las más íntimas palabras de una niña que había luchado valientemente por su vida. Frases como «Nunca abandonen algo en lo que no pueden pasar un día sin pensar» y «Quiero ser esa chica que hace que los malos días sean mejores y la que les hace decir "Mi vida ha cambiado desde que la conocí"» han inspirado a sus familiares a seguir con sus vidas. De manera similar, las últimas palabras de Pedro encontradas en su segunda epístola servirían a los cristianos de aquella época y de todos los tiempos como un recordatorio de la verdad de la revelación de Dios.

No conocemos la fecha exacta en la que Pedro escribe su segunda carta, pero sí sabemos que Pedro pasó algún tiempo en Roma antes de su muerte (la capital imperial parecería ser un lugar probable en el que Pedro redactase su última carta). Sin ningún destinatario en particular, la epístola parece ser una carta abierta a los cristianos de todo el mundo, y si bien no sabemos nada con respecto a sus receptores originales, muy probablemente eran los mismos destinatarios con trasfondo gentil a los que anteriormente había escrito la primera epístola.

Pedro está escribiendo algo parecido a su último encargo para los cristianos, y no quiere que su vida termine sin antes tener la oportunidad de fortalecer a los creyentes recordándoles que deben crecer, perseverar en la verdadera enseñanza y esperar al Señor. El contenido de la carta, aunque corto, es un potente llamado al esfuerzo, del apóstol hacia sus lectores; el tiempo que le queda al ministerio de Pedro es breve, y por eso escribe:

> *Jamás dejaré de recordarles estas cosas, aun cuando las sepan y permanezcan firmes en la verdad. El Señor Jesucristo me ha revelado que mis días en este mundo están contados y que pronto he de partir; por ello, mientras viva, es mi obligación hacerles recordatorios como estos, con la esperanza de que queden tan grabados en su mente que los recuerden aun mucho después de mi partida. (2 Pedro 1:12-15)*

Permíteme repetir de nuevo lo que ya he comentado en párrafos anteriores: a esta altura de su vida, la historia de Pedro es la de un hombre cuyos mejores años han pasado y ahora vive en mundo que lo ha dejado atrás, y esta carta se escribe en un mundo donde no hay lugar para los apóstoles. En esta etapa de su viaje no hay grandes milagros, sermones capaces de convertir multitudes ni visiones espléndidas: solo hay palabras. Las primeras palabras de Pedro dejan claro lo inevitable de su muerte; esta vez no espera la irrupción sobrenatural de un ángel que lo librará de manera milagrosa de la cárcel y de sus custodios personales, sino que ya fue informado por el mismo Señor Jesucristo del desafortunado final que le espera con su última estancia en la cárcel.

Cierta vez se hizo una encuesta donde a las personas se les preguntó si querían saber el día en que iban a morir. El 96% dijo que no, pero si estuviese en este tiempo, Pedro seguramente formaría parte del 4% de la gente que respondió con un sí al interrogante. Él sabía con exactitud cuánto tiempo más de vida le quedaba en la tierra, pero la cercanía del tiempo de su partida no es un equivalente de tristeza; al contrario, trae la ilusión al viejo apóstol de que pronto volverá a estar junto a su viejo amigo y maestro.

Al cumplir 104 años, el botánico y ecologista australiano David Goodall dijo que si tuviese un deseo de cumpleaños sería morir. La eutanasia sigue siendo ilegal en Australia, por lo que en mayo de 2018 decidió emprender un viaje hacia la clínica *Life Circle* en Basilea, Suiza para terminar con su vida. Nacido antes de la Segunda Guerra Mundial, este adulto mayor «lamenta mucho vivir hasta su edad avanzada» y vive con una sola preocupación: «morir». Pedro es un hombre mayor con preocupaciones reales. Esta vez los problemas de Pedro no son tener que enfrentarse a los sacerdotes del concilio de Jerusalén o sanar a alguien antes de partir, sino que su mayor preocupación es fortalecer y reforzar la fe de sus lectores, víctimas de los mismos problemas, malos tratos y de la misma persecución que lo ha acompañado gran parte de su vida. No puede irse y dejar desprovistos a los que se quedan. La actitud en Pedro llama mi atención, porque a pesar de la ilusión que pueda traerle el despojarse al fin de su habitación pasajera y después de tanto tiempo estar por fin con el Señor, la actitud de Pedro no es una actitud escapista como la de Goodall; por el contrario, Pedro hará uso del último suspiro para cumplir su misión de apóstol, y deja en claro que a estas alturas de su vida ya no le teme a la muerte, pero mientras esta llega vivirá al pie del cañón. Puedes quitarle el uniforme a un soldado, pero no podrás sacarle el espíritu de guerrero.

«Los años corren, las memorias envejecen y las grandes victorias desaparecen, pero nunca nadie olvidará que abandonaron...» son las últimas palabras de un memorable discurso del comandante general de las legiones griegas a un ejército cansado y con ganas de volver a casa. Alejandro Magno trata de convencer a sus hombres de ir por más victorias en lo profundo de Asia. Los versos del capítulo 1 de esta segunda carta, además de incluir una emotiva despedida, son un llamado por parte de Pedro a los cristianos del primer siglo a no romper filas en el campo de batalla. El apóstol invierte las que serán sus últimas palabras escritas en pronunciar un último encargo a sus lectores, y este es el llamado: crecer y no retroceder.

Lo que Pedro entiende como su obligación y ve necesario refrescar en la memoria de quienes lo leen es «crecer en el conocimiento de nuestro Señor Jesucristo»:

> *Por eso, deben esforzarse para añadir a su fe una buena conducta; a la buena conducta, el entendimiento; al entendimiento, el dominio propio; al dominio propio, la paciencia; a la paciencia, la devoción a Dios; a la devoción a Dios, el afecto fraternal; y al afecto fraternal, el amor. Si ustedes tienen estas virtudes y las desarrollan, estas los ayudarán a crecer y conocer más a nuestro Señor Jesucristo, y los harán más fructíferos y útiles. (2 Pedro 1:5-8)*

Detengámonos por un momento para recordar que los destinatarios de la carta son cristianos genuinos repartidos por Asia Menor. Pedro no escribe a nuevos creyentes o a principiantes en la fe sino a hombres y mujeres en su mayoría maduros en la fe y que ya contaban con instrucción por parte de Pablo (2 Pedro 3:16) y de él mismo. A estos cristianos, que probablemente ya habían dado testimonio de su madurez en un contexto de hostigamiento, es a los que Pedro hace el llamado al esfuerzo; como sugiere Douglas J. Moo, erudito en el Nuevo Testamento, el crecimiento espiritual no era un tema que los cristianos del primer siglo pudieran tomarse a la ligera, más bien era un objetivo para el que tenían que entregarse en cuerpo y alma cada día de sus vidas.

En conclusión, en el último de los escritos registrados de Pedro no vemos un grito de auxilio ni un llamado de intercesión a la iglesia por su inminente muerte; por el contrario, se nota una madurez que trae aceptación al final de sus días. Esta es una carta sobre envejecer, sobre quedarse atrás en este mundo, sobre ponerle un punto final a algo y aceptar que no todo es para siempre, pero sobre todo es una carta que profundiza en el sacrificio. La vida de Pedro es un recordatorio de que no importa quién seas o quién fuiste, se trata de lo que haces por los otros. En nuestro mundo se nos ha educado para considerar que la vida de un héroe no debería acabar, y mucho menos acabar así, sin multitudes ni desfiles póstumos, sin discursos en los sepelios ni palabras de despedida ni grandes obituarios.

> **La vida de Pedro es un recordatorio de que no importa quién seas o quién fuiste, se trata de lo que haces por los otros.**

En nuestra búsqueda hemos recorrido el camino de este héroe, pero hemos encarado este viaje de manera opuesta. Hemos encontrado a este gigante de la fe y héroe personal en el final de su vida, habiendo completado el recorrido hacia su destino. Los hechos de la vida de Pedro que relatamos en esta primera parte del libro rescatan las hazañas en ascenso de su ministerio como apóstol y el protagonismo que le caracterizó en la fundación de la iglesia, así como su participación para dar forma al Nuevo Testamento. Sin embargo, no se eluden la decadencia, oposición y transformación de su ministerio público a uno casi anónimo al que se pone fin con su muerte.

El obituario de una mujer publicado en el periódico *Redwood Falls Gazette* se convirtió en un fenómeno en las redes sociales hace algunos años. La esquela, publicada por los hijos de esta desafortunada mujer, es una auténtica venganza hacia su madre por abandonarlos y decía más o menos lo siguiente: «Falleció el 31 de mayo de 2018 en Springfield, y ahora se enfrentará a su juicio. No será extrañada por Gina y Jay, que entienden que este mundo es un lugar mejor sin ella». A diferencia de esta mujer, la iglesia sí echaría de menos el coraje y el carácter pastoral del apóstol Pedro. Si alguien hubiese escrito el obituario del viejo apóstol después de su muerte, seguramente hubiesen citado las palabras de su viejo amigo y maestro, Jesús:

> *Es verdad que, si un grano de trigo cae en tierra y no muere, se queda solo. Pero si muere, produce mucho fruto. El que ama su vida la pierde; en cambio, quien desprecia su vida en este mundo, la conserva para la vida eterna. El que quiera servirme, debe seguirme; y donde yo esté, allí también estará el que me sirve. Al que me sirva, mi Padre lo honrará. (Juan 12:24-26)*

A menos que la semilla muera no habrá fruto, o invirtiendo el orden de las palabras: para que haya fruto, una semilla debe morir. Citando las palabras de Tertuliano, uno de los padres de la iglesia, *Semen est sanguis christianorum*

(«La sangre de los cristianos es una semilla»). Hasta hoy se cosecha el fruto producto de la muerte de Pedro; este libro y en cierta medida yo mismo son ejemplos de ello. La muerte de Pedro es la preservación de sus actos y palabras, porque como enseñó Jesús, la victoria surge de la derrota. Si vas a caer al suelo, mejor que sea como un grano de trigo.

Si vas a caer al suelo, mejor que sea como un grano de trigo.

En conclusión, me gustan las historias reales porque son una ventana a la fe, porque me motivan a vivir para Dios y me enseñan lo difícil que es que alguien aprecie ese estilo de vida. Hay varias cosas que me hacen pensar que la historia de Pedro es especial porque, en primer lugar, es una historia real y es el sueño hecho realidad de alguien que ama al Señor y desea servirlo. Puedo reflejarme en su historia porque, aunque seamos igual de imperfectos, al final Pedro demuestra ser mucho más fuerte que yo; aun con la enorme cantidad de errores que lleva sobre sus espaldas, se caiga las veces que se caiga, me enseña que siempre será capaz de levantarse y podrá rectificarse, que vale la pena entregar la vida por un bien mayor que él mismo. Con su vida, Pedro termina demostrando en su forma más pura lo que significa ser humano y ser usado por Dios. Son sus convicciones e ideales —que tú y yo compartimos como cristianos— los que son críticos, al grado de matarlo y de ponerle un punto final a su vida. Esas acciones son las que me hacen creer que la vida de Pedro es especial.

Aún es demasiado pronto para comprender la razón de esta fe. Solo avanzar en nuestra búsqueda podrá arrojarnos luz, y nos corresponderá movernos hacia el pasado y así apreciar de mejor manera la transformación que sufrirá de discípulo a apóstol.

Segunda parte:
DE PESCADOR A DISCÍPULO

No tengas miedo a la grandeza; algunos nacen grandes, algunos logran grandeza, a algunos la grandeza les es impuesta y a otros la grandeza les queda grande.

Noche de reyes (William Shakespeare)

Si en la primera parte abordamos la misión a la que se puso fin con la muerte del apóstol Pedro, en esta segunda abordaremos su vida antes de la misión, que tiene un modesto origen en una profesión antigua. Tres de los cuatro evangelios relatan que, después del bautismo en agua, Jesús fue llevado por el Espíritu al desierto para ser tentado (solo el evangelio de Juan afirma que después de ser bautizado Jesús tuvo un breve encuentro con Andrés y su hermano Simón), pero independientemente de si a Jesús le tomó un par de días moverse al desierto, tres de los cuatro relatos coinciden en el lapso de tiempo que pasó en ese inhóspito lugar para ser tentado por Satanás: cuarenta días y cuarenta noches completamente solo.

De vuelta de su peregrinaje por el desierto, y con el poder del Espíritu, Jesús despertó la admiración de algunos por sus enseñanzas en las sinagogas, al punto de que su fama se extendió por toda Galilea. Debido a un incidente en una sinagoga de Nazaret (Lucas 4:14-30), Jesús termina expulsado de esa ciudad y se ve obligado a mudarse a Capernaúm. En esa ciudad, como era su costumbre, el día sábado Jesús enseñó en la sinagoga, y en esa ocasión también expulsó un demonio de un hombre. Al salir de la sinagoga, fue a casa de Simón porque su suegra estaba enferma con una fiebre muy alta, y después de sanar a la mujer llevaron delante de él a todos los que padecían alguna enfermedad —además de muchas personas con demonios—. La fama de Jesús se extendió por todo aquel lugar al punto de que la gente procuraba retenerlo para que no se fuera de allí.

En el capítulo 5 de su evangelio, Lucas amplía el relato de Mateo y Marcos sobre la elección de los primeros cuatro discípulos y nos brinda más detalles del paso de Jesús por las costas del lago de Genesaret, también llamado lago de Galilea. Ahora, los acontecimientos narrados parecen ocurrir en Betsaida, una pequeña ciudad al noreste, en donde el río Jordán desemboca en el mar de Galilea; el evangelista comienza ampliando el contexto de aquel día. La playa era un lugar concurrido de Betsaida, dado que su nombre significa «lugar de pesca», y era el escenario ideal para los vendedores y comerciantes de pescado en la región. La gente aglomerada en ese lugar reconoce a Jesús al verlo caminando por la orilla del lago (recordemos que Jesús contaba con cierta popularidad por el revuelo causado en Nazaret y los milagros en Capernaúm), y solo puedo imaginar a algunos de los mercaderes, pescadores, hombres y mujeres, que concurrían a las costas de aquel lago, abalanzarse sobre él y con gritos pedirle escuchar el mensaje de Dios (5:1).

La solución está frente a sus ojos: dos barcas, que unos pescadores habían dejado en la playa mientras lavaban sus redes. Jesús improvisa en una de ellas una suerte de plataforma desde la cual enseñar a la multitud, que sigue aglomerándose para escucharlo, y pide al dueño de la barca que la aleje un poco de la orilla; luego se sienta y enseña a la gente desde allí (5:2-3).

Algo que llama la atención en esta narración es que el evangelista describe dos grupos dentro de este breve relato: la muchedumbre que quería escuchar a Jesús y los dueños de aquellas barcas que lavaban sus redes. La razón es que, para sorpresa de nadie, el dueño de una de las embarcaciones era Simón, llamado luego Pedro. Pero Simón, que terminaría siendo discípulo de Jesús unos versículos más adelante y que habría de ser llamado a formar parte del selecto grupo de amigos de Jesús, no estaba entre la multitud que apretujaba al Mesías para escucharlo hablar sobre el reino de Dios, sino que trabajaba en sus redes mientras Jesús comunicaba su mensaje.

En otras palabras, Pedro y los otros no estaban tan interesados en escuchar el mensaje de Jesús ese día. No puedo negar o confirmar que Pedro y los otros no prestaran atención a algunas de las palabras de Jesús, pero tampoco el texto nos dice que los pescadores fueran parte del grupo de gente que se abalanzaba sobre Jesús para escucharlo. A veces puede pasarnos igual a nosotros: podríamos sentirnos identificados con estos pescadores porque, como ellos, quizás vayamos a la iglesia pero no queremos estar allí, o estamos presentes durante la predicación dominical pero no estamos muy interesados en escuchar. Estamos sentados en el culto, pero nuestra atención no está allí; nos distraemos o, en el peor de los casos, ni siquiera vamos a la iglesia, porque estamos muy ocupados lavando nuestras redes. Lo más interesante es que algunos de los que serían los apóstoles de la iglesia estaban más ocupados limpiando sus redes que escuchando atentos el mensaje de Jesús. ¿No se supone que los que son llamados a ser discípulos deben ser aquellos que son más consagrados en las cosas de Dios?

Un caso similar fue el de Albert Einstein; no es que Einstein fuera un desastre en la escuela cuando era niño, pero es cierto que sus maestros encontraban al joven lento para aprender e incluso uno de los profesores llegó a escribir de él: «Este muchacho no llegará nunca a ningún lado». Otros maestros se quejaban de que tardaba demasiado en contestar a una pregunta y de que no conseguía aprender nada de memoria; no entendía las reglas y las órdenes y rechazaba practicar deportes, lo que lo llevó a aislarse. A los 16 años fue rechazado en una primera prueba de acceso a la Escuela Politécnica de Zúrich por los malos resultados en letras, pese a ser excelente en matemáticas y física; era perezoso en francés, geografía y dibujo. Años después, este distraído estudiante se convirtió en el padre de la teoría de la relatividad y en uno de los hombres más brillantes de los últimos siglos.

Cuando el Maestro terminó de enseñar —y cuando probablemente Pedro recupera su barca—, Jesús tiene una especie de discusión con el pescador, pues era consciente de su situación y la de sus socios, ya que ellos habían trabajado toda la noche y no habían pescado nada. En ninguna parte del Nuevo Testamento se menciona a la familia de Simón Pedro, pero podemos intuir que, si tenía suegra, también tenía esposa, y muy posiblemente hijos. Seguramente el trabajo de Simón como pescador era la principal fuente de ingresos para el sustento de su familia; era dueño de una barca y ciertamente eso lo ponía en mejor posición que otros pescadores de la época, pero la noche anterior no hubo peces que pudiera recoger. El texto no lo dice, pero por la actitud de Pedro de volver a limpiar las redes nos deja entender que él y sus socios intentarían pescar de nuevo.

Jesús le pide que lleve la barca a aguas más profundas para que echen las redes y puedan pescar algo. Quizás Jesús no lo sabía, pero la hora en la que había terminado de enseñar probablemente no era buena o no era la hora ideal para pescar, ya que en los meses de mayor calor algunos peces son más sensibles a este, por lo que aprovechan las primeras horas de la mañana, cuando la temperatura es más baja, para alimentarse cerca de las orillas de los lagos. Pedro llama a Jesús «Maestro» porque quizás reconocía su autoridad en la enseñanza y guardaba respeto hacia él por alguno de sus encuentros previos, por lo que accede a hacer lo que Jesús le pide.

Ahora quisiera que por un momento imagines conmigo esa escena: los socios de Pedro que se quedaron en tierra firme quizás bromean sobre Pedro por llevar la barca mar adentro a esa hora, seguramente murmurando entre sí diciendo: «No intentará pescar a esta hora, ¿verdad? ¡Se subió un loco a su barca! ¿Y por qué Simón le sigue el juego? Es imposible que pesquen algo; en fin, que lo intente para que ese maestro se desengañe».

Tal y como Jesús ordena, Simón echa las redes y, para sorpresa de todos (sobre todo de Pedro), la cantidad de peces es tan grande que las redes se rompen. Los que están en la orilla ven que los llama con señas para que se acerquen con la otra barca a ayudar; ellos acuden y llenan con peces las dos embarcaciones, a tal punto que comenzaron a hundirse. Al ver todo lo que acontecía con los peces, las redes y las barcas, Pedro cae de rodillas delante de Jesús reconociendo que el milagro procedía de él, y cuando antes lo había reconocido como Maestro ahora lo llama «Señor»; incluso, le pide que se aparte de él porque se reconoce a sí mismo como pecador (5:8). Otro detalle que debe llamar nuestra atención es que Pedro no se considera digno del milagro porque sabe que en su vida hay pecado, es decir, Pedro sabía que no era ningún santo para que Jesús lo invitara a ser su discípulo. ¿No se supone que los que son llamados a ser discípulos deben ser los más santos?

Lucas hace un recorrido por las barcas que habían presenciado el milagro de la multiplicación de los peces y nos da nombres que más adelante serían importantes en su relato: Jacobo, Juan y probablemente Andrés, todo esto como un paréntesis precedente al diálogo entre Pedro y Jesús.

Después de la reacción de Pedro ante el gran milagro, Jesús lo consuela con estas palabras: «No tengas miedo», y le hace una oferta que Pedro y compañía no podrán rechazar: «Síganme y los haré pescadores de hombres» (Lc 5:10). El resto es historia, y antes de que las barcas casi se hundieran por el peso de los peces, los pescadores las llevaron a tierra y, dejándolo todo —peces, barcas, negocio, familia, amigos—, siguieron a Jesús. Los cuatro Evangelios coinciden en que, desde ese día y hasta el final del ministerio de Jesús, los pescadores permanecieron junto a su Maestro y Señor.

¿Por qué los pescadores dejaron todo para seguir a Jesús? ¿Qué significaba que los pescadores dejaran todo en pos de Jesús?

Capítulo 4:
¿QUÉ ES UN DISCÍPULO?

Antes de responder por qué los pescadores dejaron todo para seguir a Jesús es primordial definir qué significaba que los discípulos dejaran todo en pos de Jesús. La respuesta fácil sería decir que se convertirían en discípulos, pero responder de esa manera solo amplía la pregunta y da título a este capítulo: ¿qué es un discípulo?

Lo primero que habría que mencionar es que la relación entre maestro y discípulo no es una práctica meramente judía o del Antiguo Testamento o solo bíblica; más bien es una práctica adoptada de la cultura helénica y de los filósofos griegos. En el Antiguo Testamento, los grandes profetas no tuvieron discípulos en el sentido moderno de la palabra; algunos grandes hombres de Dios, como Moisés y Elías, contaron con la ayuda de un siervo que más adelante los reemplazarían en su labor de liderazgo o profética (y esto por ordenanza divina y no por elección de Moisés o de Elías, como podemos ver en Josué 1:1-2 y 2 Reyes 2:9).

Ya desde la destrucción del templo judío, la liturgia pasó de girar en torno al templo a adoptar la ley como el centro de la religión judía. Para estudiarla se fundaron sinagogas en cada ciudad en donde se exponían fragmentos de la Torá y poco a poco se fueron necesitando maestros capaces de preservar las enseñanzas allí reunidas. La tradición judía pasó a ser transmitida de manera oral y debió ser reproducida fielmente, y no fue sino hasta el período intertestamentario donde se comienza a distinguir con mayor claridad un cambio en la pedagogía judía y especialmente en la instrucción rabínica. La tradición rabínica se deriva del período de los macabeos, que surgieron debido al conflicto con la cultura helénica. El helenismo ejerció influencia en la educación de la época, aportando elementos griegos a la educación judía, y con el paso de los años este modelo evolucionó a la interpretación hecha por rabinos o maestros de la ley, cada uno ganando adeptos a su instrucción y manera de entender la Torá.

Ya en el Nuevo Testamento, esta relación maestro-discípulo estaba consumada y había encontrado aceptación entre las corrientes de educación teológica de la época. Muestra de esto son las menciones a discípulos de los fariseos (entre estos, el apóstol Pablo) y los discípulos de Juan el Bautista; el mismo Jesús echó mano de este modelo de enseñanza para sentar las bases para establecer el reino de Dios.

Con al menos una sinagoga en cada ciudad, la instrucción de la Torá estaba al alcance de todos, incluso de los más pequeños. Antes de la existencia de escuelas para niños, el abuelo y el padre eran los encargados de transmitir el conocimiento de la Torá escrita y de la tradición de los ancianos para fomentar en el niño la observación de los mandamientos. Fue en el año 70 antes de Cristo que el sumo sacerdote Yehoshua Ben Gamala establece la instrucción para que todos los niños, huérfanos o hijos de padres que no podían enseñar la Torá, fueran a la escuela primaria también llamada *bet séfer*.

Bet séfer o educación primaria

En el primer siglo, los niños iniciaban la educación primaria o *bet séfer* cuando tenían aproximadamente 6 años; esto ocurría en la sinagoga del pueblo, donde el maestro enseñaba al niño el alfabeto y a leer, luego de lo cual debía aprender a pronunciar correctamente las palabras de la Torá, empezando con la lectura de la primera parte del libro de Levítico (la lectura se hacía con una melodía para que los niños pudiesen recordar y aprender la pronunciación de las palabras). Cada día de clases el infante debía aprender y memorizar al menos lo que para nosotros hoy es un versículo. No queda claro si los chicos llegaban a memorizar todo el Pentateuco, pero sí que al terminar el *bet séfer* el niño sabría de memoria las ordenanzas de los sacrificios, información sumamente básica e importante para un judío del primer siglo.

Bet talmud o educación secundaria

Al completar el bet séfer los niños comenzaban el *bet talmud* cuando tenían 9 o 10 años aproximadamente. En esta etapa del sistema educativo judío, el infante se dedicaba a aprender la Torá oral o la tradición de los ancianos, lo que significaba que sabría distinguir casos especiales en los que era necesario ofrecer sacrificios por sus faltas o pecados. A la edad de 12 años, y durante la fiesta de la Pascua, Jesús ya tenía un gran entendimiento de las Escrituras, escuchaba y hacía preguntas a los maestros de la ley y ellos se admiraban de su comprensión. Después de estudiar el bet talmud, la gran mayoría de los niños se ponía a trabajar o aprender el oficio del abuelo, padre o de algún familiar, pero el sistema educativo judío tenía un último grado destinado únicamente a aquellos que mostraban un talento especial para el estudio.

Bet midrash o educación superior

Para la cultura judía, la edad de 13 años es el momento en que un niño deja de ser menor de edad y se convierte en adulto; es la edad adecuada para que este se convierta en un *bar mitzvá* («hijo del mandamiento»), responsable de guardar la Torá y los mandamientos que se aplican a todos los hombres.

A esa edad también terminaba la educación secundaria, y solo si el maestro de un niño que cursaba el *bet talmud* veía un talento especial para aprender en el muchacho y consideraba que sobresalía lo suficiente de sus compañeros, hablaba con los padres para explicarles que su hijo tenía la aptitud para ir en busca de una educación superior con otros adultos y que debería dejar todo (familia, amigos y casa) para ir en busca de un buen rabino y aprender de él.

El muchacho debía partir de su tierra, y mientras para algunos significaba recorrer grandes distancias para llegar a Jerusalén, para otros representaba visitar grandes urbes a donde los maestros viajaban para enseñar en las sinagogas. Lo que debía atraer a los alumnos hacia los rabinos era, en primer lugar, la autoridad de estos como peritos en la ley o su erudición en algún aspecto de la Torá. Durante un período de tiempo, el aprendiz de discípulo se dedicaría a escuchar a los rabinos y maestros de la época que viajaban a lo largo y ancho de Israel, evidenciando la intención de aprender de este o aquel maestro, quien después de hacerle preguntas sobre la Torá, la tradición de los ancianos y observar su capacidad para aprender, respondería de manera positiva o negativa a la intención de seguirlo y aprender de él. Si el maestro consideraba que el alumno era capaz o digno de reproducir sus enseñanzas, le permitiría acompañarlo durante sus discusiones y largos viajes; si esto sucedía, el ahora discípulo tomaba el yugo de dicho rabino y dedicaría su vida a la labor de la pedagogía, así que debía despojarse de las otras responsabilidades y tareas para dedicarse al arte de la enseñanza. Abandonar el hogar, la familia y los amigos era vital en la relación maestro-discípulo, con la sola intención de procurar una relación más cercana con el rabino: el discípulo debía comer con él, orar con él, caminar con él y descansar con él. Como dice el Talmud: «El discípulo debe estar cubierto con el polvo de su maestro».

Sin duda ese día, en una playa del mar de Galilea, fue el momento cuando el modelo educativo judío sufrió un cambio abrupto. El maestro —que además era carpintero— llama a cuatro hombres pescadores, lo que a la luz de lo expuesto anteriormente, y teniendo en cuenta el contexto cultural de la época, debe tomarse como una grave falta al sistema: si Pedro, Andrés, Juan y Jacobo eran pescadores significaba que no habían completado el *bet midrash* o educación superior, lo que quería decir que ninguno de ellos contaba con un talento especial para el estudio o que habían sobresalido de entre sus compañeros, por lo que habían encontrado su vocación y un medio de supervivencia en la pesca.

La oferta de Jesús es la promesa de la trascendencia. En segundo lugar, la otra gran falta al sistema es que Jesús es quien termina invitando a los pescadores a seguirlo. Como ya dije, debido a su posición educativa no podían presentarse delante de ningún rabino para ofrecerse como alumnos, y es por eso que Jesús es quien termina invitándolos a participar de su ministerio, y sobre todo a relacionarse con él. Con todo esto en mente, resulta sencillo entender el porqué de la respuesta de los pescadores a la invitación de Jesús: la promesa de convertirlos en «pescadores de hombres» era también la promesa de una vida mejor; era la invitación a participar de un propósito mayor que solo poner en la bolsa unos cuantos centavos. La oferta de Jesús es la promesa de la trascendencia. ¿Quién hubiera rechazado una invitación como esta? Yo no lo hubiera hecho. Pedro y los otros pudieron ver una virtud en la invitación, y la aceptaron haciendo lo que todos los discípulos hacían: dejar atrás su familia, su trabajo y su propia tierra.

La promesa de trascendencia también alcanzó a otros hombres, en particular a uno que era un recaudador de impuestos. La narración de Lucas sitúa a Jesús caminando por la orilla del mar de Galilea, y al levantar la mirada se fija en Leví, que estaba sentado en el despacho de los tributos públicos. Es en un publicano en quien Jesús clava la mirada a fin de convertirlo en su discípulo. La mirada de Jesús y la palabra con la que llama al recaudador es «sígueme», a diferencia de la invitación implícita hecha a Pedro; la expresión utilizada por Jesús para que Leví participe del seguimiento está en forma imperativa. Al igual que lo hicieron Pedro, Jacobo y Juan, Leví se levantó, lo dejó todo y siguió al Maestro. En los evangelios sinópticos se relata la decisiva e inmediata obediencia del cobrador de impuestos, que dejó trabajo y probablemente familia (el nombre del padre de Leví, Alfeo, se menciona en los evangelios y posiblemente aún vivía). La mirada de Jesús y la palabra con la que lo llama son tan poderosas que el publicano abandona todo lo que posee, a lo que había servido hasta ahora y a lo que había sucumbido, y se hace discípulo de Jesús. Este cambio radical no solo ocurre con Leví —más adelante conocido con el nombre de Mateo— sino también con otros siete hombres.

El Evangelio de Mateo menciona el nombre de los doce cuando ya se hubo formado este grupo reducido de seguidores: Simón, también llamado Pedro; Andrés, hermano de Pedro; Jacobo, hijo de Zebedeo; Juan, hermano de Jacobo; Felipe; Bartolomé; Tomás; Mateo, cobrador de impuestos; Jacobo, hijo de Alfeo; Tadeo; Simón, miembro de los zelotes, y Judas Iscariote, el que más tarde lo traicionó (Mt 10:2-4). Jesús escoge a hombres de todos los tipos para integrar un grupo íntimo y representativo: se encuentran allí zelotes, un publicano, uno de Judea, galileos y hombres con nombres tanto griegos como semíticos. La selección muestra que él tiene una comprensión realista de la situación de la época y que procura servir al pueblo tal como es, con todas sus tensiones inherentes, así como con todas sus posibilidades.

La selección de los discipulos muestra que Jesús tiene una comprensión realista de la situación de la época y que procura servir al pueblo tal como es.

Los servicios que aquellos doce hombres desempeñarían irían más allá de la tarea de los otros estudiantes de aquel tiempo: los estudiantes rabínicos serían rabinos algún día, pero los discípulos de Jesús obtienen la promesa no de convertirse en rabinos sino en pescadores de hombres. El aceptar seguir a Jesús es la obra exterior y consciente de cambiar una forma de existencia por otra, por lo que Pedro y los otros dejaron atrás sus redes para cada uno convertirse en alguien distinto.

El primer paso en pos de Jesús es el primer paso hacia un cambio de vida total.

Capítulo 5:
MILAGROS Y MARAVILLAS

El 15 de noviembre de 2017, en una famosa casa de subastas en Nueva York, un comprador anónimo decidió pagar casi 450 millones de dólares por una obra atribuida a Leonardo Da Vinci llamada Salvator Mundi. La pintura muestra la figura de Jesucristo en posición frontal dando la bendición con la mano derecha mientras sostiene una esfera de cristal con la izquierda. Este polémico cuadro atribuido al famoso pintor fue descubierto de manera casual pocos años antes; con su aparición, comenzó una labor casi detectivesca para conocer el origen de la obra. Para el año 2007 algunos expertos, basándose en rigurosos análisis de laboratorio, pudieron fechar la pintura en la década de 1490, cuando el autor pintaba su emblemática *La última cena*; con esta base, y reconociendo algo del estilo del pintor, algunos eruditos en el tema comenzaron a creer que tal vez era una obra perdida del maestro florentino. Algunos de los expertos más reconocidos en la obra del pintor han mostrado su escepticismo, y para otros, esta pintura es obra de un alumno destacado de Leonardo. El debate entre los defensores y los detractores continúa y además no se ha logrado consenso entre los expertos sobre si dicha obra es original o una copia.

El misterio en torno a la pintura no disminuye y parece que nunca acabará, y cada uno tiene su opinión con respecto al *Salvator Mundi* y si el comprador pagó demasiado por una copia. Salvando las diferencias, el debate en el primer siglo era similar con respecto a la identidad de Jesús de Nazaret, ya que las multitudes que se volcaban a escucharlo formaban su propia opinión con respecto a este hombre. La controversia y la desconfianza que envolvían a Jesús permite detectar distintos grupos de judíos que lo percibían de cierta manera, y esta percepción reflejaba —a mi parecer—

las motivaciones por la que las multitudes acudían a él. A continuación, describo lo que considero cinco motivos por los que seguían a Jesús:

Los que veían a Jesús como profeta

El misterio de la encarnación situó a Jesús en una región pequeña de Galilea donde creció y se formó. Según los arqueólogos y expertos, Galilea no era respetada por el resto de la nación, y para los historiadores era la provincia más alejada de Jerusalén y la más atrasada culturalmente. La literatura rabínica de la época describe a los galileos como «palurdos», materia prima para chistes étnicos[29], y un buen ejemplo de la duda que rodeaba a Jesús es que el poder religioso estaba en Jerusalén, no en Galilea. «¿También tú eres de Galilea? Investiga y verás que de Galilea no ha salido ningún profeta», dijeron los fariseos a Nicodemo sobre Jesús (Jn 7:52); también Natanael le dijo a Felipe: «¿Acaso puede salir algo bueno de Nazaret?» (Jn 1:46), y los propios hermanos de Jesús lo alentaron: «Tienes que salir de aquí. Vete a Judea para que tus discípulos vean las obras que haces» (Jn 7:3). Galilea parecía el lugar menos adecuado para que surgiera el Mesías[30]. La desconfianza envolvió desde el principio el ministerio de Jesús y sus propios vecinos reaccionaron preguntándose: «¿De dónde sacó este tanta sabiduría y el poder para hacer los milagros que hace? Pues es el carpintero, hijo de María, hermano de Jacobo, José, Judas y Simón. Y sus hermanas viven aquí mismo» (Mr 6:3). Incluso su propia familia en una ocasión trató de recluirlo, ya que pensaban que estaba loco (Mr 3:32).

---

29 Phillip Yancey, *The Jesus I never knew* (Chicago: Zondervan, 1995), 57.
30 Ibid

Al encontrarse con ese carpintero que había pasado de construir objetos de madera a edificar el reino de Dios, las multitudes lo amarían o lo odiarían, lo exaltarían o lo criticarían, creerían en él o lo condenarían, lo seguirían o lo olvidarían. Las lecciones aprendidas por Israel en el Antiguo Testamento dictaban que la palabra del Señor era transmitida a los profetas de diversas maneras, pero quedaba confirmada mediante señales (Ex 4:8; Is. 7:11,14); en otras palabras, la predicción constituía un aspecto importante del ministerio del profeta y las señales contribuían a acreditarlo.

La fe en el Hijo de Dios escaseaba y la curiosidad por lo sobrenatural abundaba. Con el transcurrir de los meses, las señales precedían el ministerio de Jesús, sus milagros convocaron más seguidores que sus enseñanzas y la muchedumbre atendía la instrucción del Maestro por un tiempo, con tal de presenciar algún hecho prodigioso (Jn 6:2). La fe en el Hijo de Dios escaseaba y la curiosidad por lo sobrenatural abundaba. No se puede culpar a un pueblo curioso que solo podía comparar estos hechos con relatos milagrosos narrados en el Éxodo; además, Dios prometió que él haría surgir de entre el pueblo elegido a hombres inspirados y capaces de decir con autoridad la totalidad de lo que él les ordenaría exponer (Dt 18:18-19). Prodigios ocurridos siglos antes y que estaban registrados en las Escrituras ahora ocurrían en las calles y las plazas de sus ciudades, y por eso es probable que toda la nación judía estuviera atenta al carpintero que anunciaba el cumplimiento del reino de los cielos y que proclamaba el final del silencio de Dios.

En una ocasión, Jesús preguntó a sus discípulos quién decía la gente que era el Hijo del hombre, y ellos respondieron con las suposiciones que la gente hacía acerca de él: «Algunos dicen que eres Juan el Bautista; otros, que eres Elías; y otros, que eres Jeremías o alguno de los profetas» (Mt 16:14). Debido a los antecedentes históricos de Israel, un profeta era un hombre de Dios que cumplía un ministerio público o privado y que se convertía en un instrumento o en un mensajero del Señor; era un pastor del rebaño, un centinela, un intérprete de los pensamientos divinos[31]. Es por estas características de Jesús que no es difícil imaginar por qué el pueblo lo consideraba un profeta, ya que en él se hallaban advertencias acerca del pecado, enseñanzas, constantes invitaciones al arrepentimiento y las señales que caracterizaron su ministerio.

Esta agenda milagrosa estaba generando que muchos hombres y mujeres salieran de sus casas en peregrinación hasta el lugar donde estuviera Jesús. Solo puedo imaginar que los más escépticos buscaban corroborar lo que se decía de él en las plazas, y al presenciar milagros como sanidades y liberaciones, los más incrédulos podían creer que Jesús lograba estas acciones por medio de un poder opuesto al divino, diciendo: «Este tiene un demonio, y está loco» (Jn 10:20). Pero a pesar de eso, sus opositores no podían negar lo evidente: los ciegos, sordos y cojos, que pedían limosnas en los caminos y en las plazas, ahora veían, oían y caminaban, mientras que otros de sus partidarios más crédulos procuraban coronarlo como rey a la fuerza (Jn 6:15).

Los que veían a Jesús como Mesías

Como ya se estableció, Jesús gozaba de popularidad entre el pueblo, y los rumores en cuanto a su carácter mesiánico

---

31 "Profeta", *Nuevo Diccionario Bíblico Certeza*, ed. D. R. W. Wood, segunda edición (Buenos Aires: Certeza, 2008), 769.

corrían como reguero de pólvora por todo Israel. Esta notoriedad se debía en gran parte al manto de expectativa profética que envolvía al concepto de «mesías»[32] que cubría a Jesús, y a esto había que sumarle la cantidad de milagros que realizaba. Otros autores ya han abordado el tema con mayor profundidad, pero basta decir que la expectativa judía del Mesías era distante al mesianismo que Jesús representaba: la mayoría de los judíos buscaban en el Mesías una especie de libertador que fuera capaz de librarlos de la opresión romana, por lo que esperaban un hombre al mejor estilo de Moisés, alguien que Dios levantaría para liberarlos de Roma —así como en otros tiempos Moisés los había liberado de Egipto— y que mantuviera por encima de cualquier otra prioridad las características judías.

Jesús representaba una amenaza para esta meta, ya que los judíos estaban, en realidad, levantando un muro alrededor de su cultura con la esperanza de proteger al pueblo de Dios de la corrupción de los gentiles. A diferencia de otros «mesías» anteriores —que promovieron una revuelta armada como el medio para expulsar a los impuros extranjeros—, el

---

32 En hebreo, este término «mesías» designaba a aquel que estaba ungido de aceite sagrado, p. ej., el sumo sacerdote (Lv 4:3; 10:7; 21:12) y el rey (2 S 1:14, 16). Cuando Dios prometió a David que el trono y el cetro se quedarían siempre dentro de su familia (2 S 7:13), el término «ungido» adquirió el sentido particular de «representante de la línea real de David» (Sal 2:2; 18:51; 84:10; 89:39, 52; 132:10, 17; Lm 4:20; Hab 3:13). Los profetas hablan de un rey de esta línea que será el gran liberador del pueblo (Jer 23:5, 6); su origen se remonta a los días de la eternidad (Mi 5:1-5); establecerá para siempre el trono y el reino de David (Is 9:5-7). El título de Mesías, por excelencia, se une a la persona de este príncipe anunciado por las profecías (Dn 9:25, 26; Nm 24:17-19; Targum Onkelos). Se lo llama «Mesías» de la misma manera que «Hijo de David» (Jn 1:41; 4:25; el texto de Mt 1:1 no tiene el término Mesías, sino su traducción gr. «Christos»; cfr. las numerosas referencias a Cristo en este Evangelio). Para los creyentes judíos y cristianos, el Mesías es el Ungido, es decir, aquel que recibe, por el Espíritu de Dios reposando sobre él, el poder de liberar a su pueblo y para establecer su reino. "Mesías", *Nuevo Diccionario Bíblico Certeza*, 578.

proceder y la filosofía pacíficos de Jesús iban en contra de este requisito mesiánico de sublevación. Los contactos sociales de Jesús con gentiles y extranjeros (por no mencionar las parábolas como la del buen samaritano) tuvieron que enfurecer a algunos que eran partidarios de ese «mesías revolucionario».

> **En lugar de construir un muro alrededor del pueblo de Dios, Jesús construía un puente que invitaba a los gentiles a participar de las promesas hechas a Israel.**

En lugar de construir un muro alrededor del pueblo de Dios, Jesús construía un puente que invitaba a los gentiles a participar de las promesas hechas a Israel (Jn 1:11-12), lo que resulta evidente en relatos tales como el de la liberación de la hija de la mujer cananea, la sanidad del siervo del centurión romano y la conversación con la mujer samaritana (Mt 15:21-28; Lc 7:1-10; Jn 4:1-26).

En conclusión, es posible insinuar que muchas de las personas que conformaban las multitudes que seguían a Jesús podían estar influenciadas por este concepto mesiánico. Quizás este grupo buscaba estar presente para ser testigos de la liberación del imperio romano a la manera de Moisés que, entendían, el Mesías debía emprender. Aparentemente, Jesús no pudo llenar las expectativas del Mesías que algunos de los judíos del primer siglo esperaban; tal vez esa gran mayoría de los que lo seguían, después de un tiempo, gritaban: «¡Crucifícale, crucifícale!». Es probable que muchos de ellos lo abandonaron al verlo clavado en una cruz de madera, y reclamaron su identidad mesiánica para librarse de los clavos que lo sujetaban a ella (Mt 27:42-43; Mr 15:32; Lc 23:35-37). Lo cierto es que, a diferencia de la perspectiva judía, y en palabras de Frank Thielman, «Jesús cumplió las expectaciones judías y avanzó más allá de ellas»[33].

Jesús y los curiosos

Permítanme aquí echar mano del poder de la imaginación y de la deducción para poder decir, con temor a equivocarme, que no solo los que veían en Jesús un Mesías prometido y un nuevo profeta se congregaban alrededor de él y de sus enseñanzas. Tampoco los enfermos y los convalecientes de espíritu eran el público predilecto del Maestro; es posible que muchos de sus seguidores fueran individuos sanos y sin quebrantos de salud, que contaban con una relación saludable con la religión de la época, y es probable que algunos de entre las multitudes que se volcaban a las calles y a las plazas para presenciar la sanidad de hombres y mujeres enfermos eran simples curiosos. La curiosidad siempre ha sido un pretexto para reunir muchedumbres, y un relato en el evangelio de Juan podría respaldar lo que sugiero: en la resurrección de Lázaro, mucha gente viajó para dar el pésame a Marta y a María, y al enterarse de que Jesús había llegado a Betania, multitudes se volcaron a las calles para presenciar lo que haría aquel carpintero de Nazaret. Movidos por la curiosidad, llegaron hasta el sepulcro, y al resucitar Lázaro, el evangelio de Juan registra que muchos de los judíos que habían ido a ver a María y que habían presenciado este milagro creyeron en Jesús (Jn 11:45). Cabe

---

33 Jesús rompió los límites aceptados de varias maneras. Jesús no era meramente como Moisés sino más grande que Moisés (Mt 1:18-25; 17:4-5). Jesús no simplemente explicó la ley mosaica, sino que la llevó a su fin divinamente señalado y la reemplazó con su propia ley (Mt 5:1-7:29; 28:20). Evangelios como Marcos y Juan evidencian tal hecho. Frank Thielman, *Síntesis del Nuevo Testamento* (Miami: Vida, 2005), 203.

la posibilidad de que este grupo acompañara la caravana que rodeaba a Jesús con la intención de sorprenderse una vez más con un milagro nuevo realizado por el Maestro.

Los hechos sobrenaturales que ocurrían en las calles desataban esa curiosidad, y es sensato suponer que gran parte de los que seguían a Jesús incluían ese número de espectadores curiosos al mejor estilo de Zaqueo, capaces de subir a un árbol para ver a aquel que causaba tanto alboroto en Israel.

Jesús y los religiosos

Un sector más pequeño, inmerso dentro de las multitudes que seguían y oían a Jesús, es el grupo de los religiosos, que prestaba mucha atención a las palabras y hechos de Jesús. Entre este conjunto de sectarios se destacaban los fariseos[34], y es posiblemente el grupo con el que Jesús tuvo más confrontaciones. Los fariseos eran el partido popular de la clase media; se esforzaban por interpretar la ley de tal modo que sirviese de guía diaria para la religión del pueblo[35] y defendían patrones de pureza —sobre todo en aspectos como la observancia sabática, la limpieza ritual y las horas exactas de los días de fiesta—[36].Jesús declaró que estas interpretaciones rabínicas tradicionales no tenían ninguna fuerza (Mt. 15:2-6) y los habían llevado al legalismo que los hizo objeto de críticas[37].

---

34 La secta de los fariseos apareció antes de la guerra de los macabeos como reacción contra la inclinación de ciertos judíos hacia las costumbres griegas. Los judíos fieles vieron horrorizados la creciente influencia del helenismo y se aferraron con mayor fuerza a la ley mosaica. El historiador Josefo dijo que los escribas no se contentaban con interpretar la ley con más sutileza que las otras sectas, sino que además imponían sobre el pueblo una masa de preceptos recogidos de la tradición, y que no figuraban en la ley de Moisés. "fariseos", NDBC, 288.

35 Justo González, *Historia abreviada del pensamiento cristiano* (Barcelona: CLIE, 2016), 15.

36 Phillip Yancey, *El Jesús que nunca conocí*, 60.

37 Justo González, *Historia abreviada del cristianismo*, 15.

Los fariseos creían apasionadamente en el Mesías y dudaban en seguir con demasiada prontitud a cualquier impostor o milagrero que pudiese resultar desastroso para la nación[38], razón por la cual seguían atentamente cada movimiento de Jesús y de sus discípulos. Su expectativa mesiánica y la de otros grupos religiosos difería claramente del concepto de Mesías de Jesús: desde el punto de vista de los fariseos, Jesús quebrantaba la ley tanto al sanar en sábado como en autoproclamarse Hijo de Dios, por lo que procuraban hacerlo caer en trampas y de esta manera tener un pretexto para condenar sus palabras y sus hechos[39].

Las enseñanzas de Jesús y sus actos milagrosos eran observados bajo el duro lente legalista de los fariseos de la época, ya que su comportamiento representaba una amenaza para el judaísmo de aquel tiempo; el concepto de reino de Dios que predicaba el hijo del carpintero iba en contra de la tradición de concebir a Israel como el pueblo de la promesa, por lo que debían observar y mantenerse cerca de este nuevo rabí que tenía enseñanzas que no encajaban con la ortodoxia de la época.

Otros grupos menos mencionados por los Evangelios son los saduceos y los esenios: los saduceos eran los conservadores entre los grupos religiosos de los judíos, que tomaban como única autoridad la ley escrita y no la ley oral que había resultado de la tradición, por lo que negaban la vida futura y la resurrección; su religión giraba en torno al templo y su culto, y por eso no sorprende que desaparecieran pocos

---

38 Phillip Yancey, *El Jesús que nunca conocí*, 60.
39 Sin embargo, siempre hubo entre ellos hombres sinceros, como Nicodemo (Jn 7:46-51). Antes de su conversión, Pablo fue fariseo. Hizo uso de ello en sus discusiones con los judíos (Hch 23:6, 26:5; Fil 3:5). Gamaliel, que había sido su maestro, era también fariseo (Hch 5:34).

años después de la destrucción del templo[40]. En cambio, los esenios eran pacifistas y estaban convencidos de que la invasión romana había sido producto del castigo por el incumplimiento de la ley por parte de los judíos. Sin duda, ambos grupos estaban presentes en las enseñanzas de Jesús.

Jesús y los discípulos

El último grupo de espectadores —y probablemente el más pequeño de los que acompañaban a Jesús durante su ministerio— sea el de quienes encarnaron el espíritu de lo que este libro denomina *seguidores*. Era un grupo reducido de hombres y mujeres que seguían a Jesús (algunos incluso desde el principio de su ministerio) y que compartieron con él más que cualquier muchedumbre. A ciencia cierta, no es posible definir el número de seguidores o el nombre de quienes conformaban este grupo, y por la poca evidencia que encontramos en los Evangelios, solo es posible conjeturar que incluía a los doce discípulos y a algunas mujeres que atendían a Jesús y a los doce, más otro grupo de varones y mujeres que acompañaban a los discípulos.

Lucas 10:1 relata cómo Jesús envió a setenta y dos hombres de dos en dos para que llegaran antes que él a todo pueblo y lugar a donde pensaba ir, quienes debieron ser personas de confianza y allegados a Jesús y a los discípulos. La cantidad de trabajo que faltaba realizar era inmensa, el tiempo durante el cual debía completarse era corto y la causa era importante más allá de toda comprensión, y esto es por lo que Jesús confía esta tarea a hombres cercanos, que probablemente habían sacrificado familia y trabajo por estar con él. Debido a la urgencia de llevar el mensaje es que los envía sin alforja ni otro par de sandalias.

---

40 Justo González, *Historia abreviada del cristianismo*, 15.

A grandes rasgos, estos son los cinco grupos que a simple vista estaban alrededor del Maestro y sus discípulos. No es posible precisar quiénes y cuántos creían en él de manera genuina, ni quiénes eran fieles al movimiento fundado por el carpintero, así como tampoco es factible precisar quiénes ya entendían completamente la misión de Jesús como redentor de la humanidad. Un diminuto grupo podría llegarse a considerar seguidor de Jesús dentro de la narrativa de los Evangelios, probablemente el mismo que estuvo presente durante la ascensión de Jesús (Hch 1:3-9). ¿Dónde estaban los demás? ¿Qué pasó con las multitudes?

> **Aquellos que se contentaban con observar al Maestro realizar prodigios, vieron el fin de su entretenimiento al presenciar que su último "gran truco" era estar suspendido en una cruz de madera.**

Esas multitudes que aclamaron a Jesús como Mesías lo abandonaron al verlo clavado en una cruz. Probablemente, sus aspiraciones revolucionarias murieron junto a su libertador. Acaso aquellos que consideraron a Jesús un profeta evitaron mirarlo; su rostro desfigurado, su semblante poco deseable... ¿No pudieron creer que aquel fuera un hombre de Dios y le dieron la espalda? Quizás aquellos que se contentaban al observar al Maestro realizar prodigios vieron el fin de su entretenimiento al presenciar que el último «gran truco» de aquel hombre era estar suspendido en una cruz de madera. Para los religiosos, el alarmante movimiento de aquel rabino había llegado a su fin, y sus constantes intenciones de matarlo finalmente se habían consumado.

Las multitudes y los grupos brevemente descritos en este capítulo siguieron sendas diferentes después de la cruz, cada uno de acuerdo a sus concepciones y según sus expectativas. Cuatro de estos cinco grupos siguieron a Jesús en su ministerio, lo escucharon y lo pusieron a prueba, pero sin duda no entendieron que el seguimiento en los Evangelios está basado en una entrega total, la negación de uno mismo, el sacrificio, el servicio y el sufrimiento.

Capítulo 6:
LOS DESAFÍOS DEL DISCIPULADO

En los capítulos anteriores definimos qué es un discípulo y por qué lo es, así como las posibles razones por las que la gente seguía a Jesús al inicio de su ministerio. Ahora, un tiempo después, con el ministerio extraordinario de Jesús teniendo lugar en Israel, muchos eran los hombres que querían añadirse a su movimiento. El evangelio de Lucas recoge tres relatos breves donde se describe uno de los muchos encuentros que tuvo Jesús con aquellos que querían seguirlo y cómo les presenta la idea de lo que cuesta ser su discípulo[41].

En Lucas 9 se nos relata el encuentro de Jesús con tres hombres que pudieron haberse convertido en seguidores del Maestro:

> *Cuando iban por el camino, alguien le dijo:*
> *—Te seguiré a dondequiera que vayas.*
> *Jesús le respondió:*
> *—Las zorras tienen guaridas y las aves tienen*
> *nidos, pero el Hijo del hombre no tiene ni*
> *donde recostar la cabeza. (Lucas 9:57-58)*

El primer hombre, un desconocido, elige por su propia cuenta a su maestro[42] como era la costumbre de la época. «Te seguiré a donde quiera que vayas» le dijo este hombre del cual no tenemos un nombre, pero que demuestra la disposición

---

41 Los tres ejemplos expuestos como ilustración al tema del discípulo denotan ya por su uniformidad que están agrupados con un criterio sistemático. La introducción del v. 57 no da a entender una relación temporal inmediata con la perícopa precedente. En los tres casos expuestos, el interés está centrado en las palabras pronunciadas por Jesús. Schmidt, *Evangelio Según Lucas*, 256.

42 Los tres están enmarcados en pronombre indefinido: "alguien, otro, otro". Así, las enseñanzas adquieren categoría universal y valen para todos los que deseen "seguir" a Jesús. Santiago García, *Evangelio de Lucas (Comentarios a la Nueva Biblia de Jerusalén)* (Madrid: Desclée de Brouwer, 2012), 245

manifestada por otros hombres que se cuentan hoy entre sus discípulos: absoluta vocación. Algunos comentaristas se atreven a señalar que este hombre se vio a sí mismo deslumbrado por multitudes, milagros y entusiasmo, y le parecía tan bonito estar estrechamente asociado con aquel que era el centro mismo de toda esta actividad, por lo que quería ser discípulo de Cristo.

Jesús no tenía interés en hacerse de un grupo mayor de seguidores, él estaba más interesado en que los hombres y mujeres que lo siguieran fueran testigos capaces de transmitir a otros sus enseñanzas y conducta; estos más cercanos habían sido capaces de prescindir de las necesidades más básicas con tal de estar con él. El Maestro le hace notar al hombre del relato, con gravedad realista, la dificultad de la tarea que se dispone a intentar: «(...) el Hijo del hombre no tiene ni donde recostar la cabeza».

En su camino hacia Jerusalén, Jesús era repudiado por algunos y rechazado por otros. Hasta este momento de su ministerio era un hombre sin un hogar fijo, un caminante incansable. «Las zorras tienen guaridas»: estos animalitos tienen una tierra que pueden llamar suya a la cual volver para abrigarse del frío o protegerse de los elementos, y hasta las aves tienen nidos a los cuales regresar. Las palabras de Jesús, en cierta medida, suenan tristes y dolorosas porque en sus peregrinaciones de ciudad en ciudad no tenía un sitio donde poder pasar la noche[43] (como cuando no hubo lugar para él en el mesón y vino al mundo en un establo). A Jesús no le espera un hogar en su regreso a Nazaret o Canaán; el viaje que había comenzado en su ministerio no tenía retorno: era un viaje a la cruz, y lo mismo les esperaría a aquellos que lo siguieran.

---

43 Hendriksen, *El Evangelio según San Lucas*, 544.

El seguir a Jesús significa un sacrificio grande para cualquier hombre, y para este pobre individuo anónimo al que el Evangelio solo llama «alguien» significaría la renuncia a la morada. Tomar la decisión de no necesitar un lugar o un hogar es un tema que debe considerarse seriamente para no tomar una decisión precipitada. En 1888, Jonathan Goforth y su esposa Rosalind Smith se mudaron a la provincia de Honan (China) para cumplir con el llamado misionero que él había recibido. Dejaron una buena vida en Canadá e innumerables comodidades a cambio de grandes dificultades; en Honan perdieron muchas posesiones por causa del fuego, donde también las constantes inundaciones y los continuos robos hicieron difícil para la familia poder establecer un hogar formal, hogar del cual tuvieron que huir para buscar refugio en la costa durante la rebelión de los *bóxers* cerca del año 1900. A pesar de todo ello, nunca disminuyó su visión por compartir el Evangelio en aquel país.

A diferencia de aquel «alguien», los Goforth y muchos otros hombres y mujeres en la historia han aceptado la invitación al seguimiento permanente; conocieron que esto conlleva el implicarse en luchas y contiendas, y también las renuncias que supone. El discípulo de Jesús debe estar dispuesto a peregrinar, a ser expulsado e incluso a renunciar al abrigo del hogar[44].

---

44 Alois Stöger, *El Nuevo Testamento y su mensaje: El Evangelio según San Lucas* (Barcelona: Herder, 1979), 140.

En otra ocasión, a otro le dijo:
—Sígueme.
Él le contestó:
—Señor, primero déjame ir a enterrar a mi padre.
Jesús le respondió:
—Deja que los muertos entierren a sus
propios muertos. Tu deber es ir y anunciar el
reino de Dios. (Lucas 9:59-60)

A diferencia del primer hombre, el segundo a quien el Evangelio recuerda como «otro» recibe del mismo Jesús la invitación para ser su discípulo. El Maestro vuelve a utilizar el verbo «sígueme» en modo imperativo (como lo hizo con Mateo), pero esta vez la respuesta que recibe no es la misma que la del cobrador de impuestos. Lucas relata que, en vez de despojarse de todo y seguirlo, este hombre intenta excusarse ante Jesús y solicita más tiempo para terminar con sus asuntos pendientes, específicamente enterrar a su padre. Después de cumplir con esta responsabilidad tendrá el tiempo para seguir al Maestro, ya que para este hombre el «ahora» es muy pronto para esa tarea[45].

Sin duda se trata de una petición razonable, pues enterrar a los padres era un deber sagrado que tenía prioridad incluso sobre el estudio de la Torá (Gn 50:5). Incumplir este deber era una vergüenza máxima; sin embargo, el llamado que Jesús estaba haciendo al hombre era similar al del sumo sacerdote y del nazareo, que estaban llamados a evitar un cadáver incluso si fuera el de sus padres (Lv 21:11; Nm 6:6-

---

45 Grant R. Osborne, *Luke: Verse by Verse*, ed. Jeffrey Reimer, Elliot Ritzema, y Danielle Thevenaz, Awa Sarah, Osborne New Testament Commentaries (Bellingham, WA: Lexham Press, 2018), 273.

8), pero no por razones de pureza, sino de urgencia. Sin embargo, Jesús no puede permitir tal demora. El seguimiento debe ser incondicional, como ya se mencionó, por lo que Jesús explica su negativa con una frase áspera y penetrante: «Deja que los muertos entierren a sus propios muertos». La respuesta de Jesús parece falta de piedad y completamente ajena a los sentimientos, pero, así como para este hombre el costo debe ser radical e inmediato, todas las cosas tienen que quedar en segundo lugar, e ir tras Jesús.

Jane Haining trabajó en las misiones de su iglesia como maestra, y durante la persecución nazi de los judíos albergó y protegió a trescientas quince niñas judías en un colegio dirigido por la iglesia de la misión escocesa en Budapest (Hungría). Haining reportó a su iglesia los sacrificios que hizo por un período de cuatro años para resguardarlas; algunos miembros de su familia y dirigentes de la misión escocesa le suplicaban que volviera a Escocia para ponerse a salvo, pero no aceptó hacerlo con el argumento de que tenía que seguir cumpliendo con su deber. «Si estas niñas me necesitan en días soleados, cuánto más necesitarán de mí en días oscuros», declaró. Finalmente, fue denunciada por alguien cercano a la misión donde se refugiaba y arrestada por la Gestapo por varios cargos que le imputaron; luego fue enviada al campo de concentración de Auschwitz, donde murió de extrema desnutrición.

Más adelante Jesús dirá: «El que quiera seguirme tiene que amarme más que a su padre, a su madre, a su esposa y a sus hijos, a sus hermanos y a sus hermanas, e incluso más que a su propia vida. De lo contrario, no podrá ser mi discípulo» (Lc 14:26). El renunciar a la familia también es un requisito literal y latente para el seguidor de Jesús; cabe resaltar que Jesús también tenía familia, pero incluso él renunció a un refugio, a una casa y a una familia. Nada de todo lo que puede hacer amable la vida para el hombre debe anteponerse a hacer la voluntad de Dios. Como los doce discípulos, Jane Haining y muchos otros cristianos a lo largo de la historia han negado familia con tal de ir en pos de su Señor y de su misión, cumpliendo así con la urgencia del mensaje. El seguimiento no permite excusas ni retrasos.

> *Otro le dijo:*
> *—Señor, yo te seguiré, pero primero déjame ir*
> *a despedirme de mi familia.*
> *Jesús le respondió:*
> *—El que pone la mano en el arado y vuelve la*
> *vista atrás no es útil para el reino de Dios.*
> *(Lucas 9:61-62)*

Este tercer hombre, como el primero, se ofrece espontáneamente como discípulo, llama «Señor» a Jesús y se muestra dispuesto a reconocer el pleno derecho del Maestro a disponer de él; al parecer, está pronto a seguirle incondicionalmente. El que quiera ser discípulo de Jesús debe ir tras él, debe estar cautivado por el Espíritu y responder al llamado de Dios para ponerse plenamente a disposición de Jesús[46], pero así como el segundo hombre, este también le pide a Jesús que en su caso se haga una excepción. La petición es tan noble como la del segundo hombre, despedirse de los suyos, y también la respuesta de Jesús para esta justificación parece falta de piedad y sin sentimientos, ya que no le permite que vaya a despedirse de

---

46 Seguir a alguien puede designar una actitud servil, una vinculación ciega, una dependencia infantil o mimetismo alienante. Pero seguir también evoca el deseo de acompañar, de formarse y de colaborar. François Bovon, *El Evangelio Según San Lucas II, Lc 9, 51-14, 35* (Salamanca: Sígueme, 2002),

los más cercanos a él. La respuesta de Jesús es taxativa: «El que pone la mano en el arado y vuelve la vista atrás no es útil para el reino de Dios».

El arado palestino es difícil de guiar incluso en tierra dócil, por lo que la faena de arar exige plena entrega a la tarea. No es que puedan hacerse dos cosas a la vez mientras se la realiza: o la vista está en el frente para que los surcos sean rectos, o estos estarán torcidos y la tierra no se aprovechará bien por estar distraído en otras actividades. Es probable que la intención de las palabras de Jesús esté relacionada con la proclamación del reino de Dios, que solo puede ser confiada a aquellos que, a causa de su comunión con Jesús, se separan de su propia familia, se desprenden de todo aquello que antes llenaba su corazón y viven enteramente para la obra que se les ha encargado[47].

El reino de Dios plantea al hombre la exigencia de una entrega total del pensar y del querer, sin divisiones. El reino de Dios plantea al hombre la exigencia de una entrega total del pensar y del querer, sin divisiones. El seguimiento también tiene como particularidad el desapego hasta de aquellos que se llevan en el corazón; al discípulo no solo se le muestra de qué debe separarse, sino también adónde debe dirigirse, por lo que debe entregarse completamente a la obra de Jesús, sin reservarse nada para sí[48]. Sean relaciones, sueños u objetos materiales, para el discípulo todo está sujeto a ser entregado en pos del Señor. Aunque la advertencia parece dura, hombres y mujeres a lo largo de la historia han encontrado un valor incalculable en ofrecer todas las cosas

---

47 Stöger, *El Evangelio según San Lucas*, 142
48 Ibid.

y considerarlas secundarias con tal de conocer y seguir al Señor; de ahí la importancia de mencionar ejemplos como el de los Goforth o el de Jane Haining: entregaron todo a cambio del Señor y su misión, y no apartaron la mirada del arado que tenían en sus manos, despojándose de todo lo demás, por lo que fueron considerados dignos del reino de los cielos. Estos ejemplos demuestran que el seguimiento exige una entrega total y no parcial o a medias.

Los evangelios sinópticos registran también el encuentro de Jesús con un joven económicamente acomodado. El relato inicia diciendo que cuando el Mesías estaba a punto de irse, un hombre llegó corriendo y se postró delante de él, diciendo: «Buen Maestro». Muy probablemente, a estas alturas de su ministerio, sus enseñanzas y milagros ya habían alcanzado popularidad y se reconocía a Jesús por toda aquella región, pero a pesar de esto, este joven rico – como más adelante se lo conocerá– seguía viéndolo solo como un mero maestro o rabino, y no como el Mesías e Hijo de Dios (como muchos otros hombres y mujeres de la época).

La pregunta que el joven le hace al Maestro tiene que ver con la salvación: «¿Qué tengo que hacer para heredar la vida eterna?» (Mr 10:17), ya que el interés del muchacho es escuchar el consejo o la opinión de este nuevo y reconocido rabino acerca de cómo alcanzar esa vida eterna. La respuesta de Jesús a su pregunta no tiene nada que ver con el tema que le interesaba al joven, sino que el cuestionado ahora es el muchacho: «¿Por qué me llamas bueno? –le preguntó Jesús–. ¡El único bueno es Dios!» (10:18). Quizás la respuesta de Jesús está más relacionada con el interés de demostrar que el joven no estaba delante de un maestro bueno o de un buen rabino sino delante de Dios mismo.

Después de plantear la cuestión de con quién hablaba, Jesús responde como maestro de la ley, tal y como el joven rico esperaba que le respondiera: «Ya sabes los mandamientos: "No matarás, no cometerás adulterio, no robarás, no darás falso testimonio, no defraudarás, honra a tu padre y a tu madre"» (10:19). El joven vuelve a referirse a él como «Maestro» y afirma que todo eso lo ha cumplido desde que era pequeño —seguramente desde los trece años obedecía la ley—, y responde como buscando recibir aprobación por parte de Jesús, pero la respuesta de Jesús altera los nervios del muchacho porque no es la respuesta que esperaba escuchar. «Jesús lo miró con amor y le dijo: —Solo te falta una cosa: ve, vende todo lo que tienes y dalo a los pobres, y tendrás tesoros en el cielo. Luego ven y sígueme» (10:21). Ahora, la respuesta de Jesús parece más la respuesta de Dios que la de un maestro de la ley.

Para el joven rico fue fácil obedecer la ley y el camino que describían los rabinos de ese tiempo para obtener la vida eterna, pero ahora Jesús describe un camino diferente, más difícil; el joven había llegado a Jesús con una duda sobre cómo heredar la vida eterna, pero la respuesta que recibió no le gustó porque implicaba hacer más de lo que le habían enseñado. El texto añade: «Al oír esto, el hombre se afligió y se fue muy triste. ¡Tenía tantas riquezas!» (10:22), y a diferencia de Zaqueo en Lucas 19:9, no pudo alcanzar la salvación que buscaba.

Cuando otros se acercaron a Jesús con el fin de seguirlo, este se acercó a Jesús para buscar salvación; el joven rico hizo la pregunta de la salvación, y se le dio la respuesta del seguimiento.

> *Jesús mirando alrededor les dijo a sus discípulos: —¡Qué difícil es para los ricos entrar en el reino de Dios!*
>
> *Esto les sorprendió a los discípulos. Pero Jesús repitió: —Hijos, ¡qué difícil es entrar en el reino de los cielos! Más fácil le es a un camello pasar por el ojo de una aguja que a un rico entrar en el reino de Dios.*
>
> *Los discípulos se asombraron aún más y se preguntaban unos a otros: —Y entonces, ¿quién se puede salvar? Jesús los miró fijamente y les respondió: —Humanamente hablando, nadie. Pero para Dios no hay imposibles. Todo es posible para Dios (Marcos 10:23-27).*

Aunque parezca difícil, no es imposible para Dios. Aun siendo gratis, la salvación le costará todo a aquel que la busque, un precio que el joven rico no estaba dispuesto a pagar.

La pregunta del joven rico sobre qué debía hacer para heredar la vida eterna evoluciona y se convierte en «¿Quién se puede salvar?» La respuesta es que Dios es indispensable para la salvación de cualquiera. El joven rico buscaba a Jesús por alguna enseñanza nueva sobre la vida eterna, pero la enseñanza de Jesús deja en evidencia que los actos humanos son insuficientes para alcanzar salvación, porque esta solo depende de lo que Dios puede hacer por nosotros. La respuesta que el hombre debería dar a Dios por la salvación, según Jesús, es un llamado al seguimiento y a la edificación de tesoros en el cielo sembrando en esta tierra.

Pero la enseñanza continúa, y esta vez la pregunta es de Pedro: «(...) ¿Qué de nosotros, que hemos dejado todo por seguirte?» (Mr 10:28). Esta pregunta también tiene que ver con la pregunta «¿Quién se puede salvar?», porque a pesar de que los discípulos tenían menos cosas materiales que el joven rico a las cuales aferrarse, habían dejado todo y lo habían seguido, lo que me lleva a pensar que seguramente para algunos es más difícil cambiar una buena vida en la tierra por una vida eterna; es necesario tener en cuenta que, aunque sea poco o mucho, siempre implicará una disposición a desprenderse.

La respuesta de Jesús a la pregunta de los discípulos tiene que ver con la salvación, pero también busca traer consuelo a los que cumplieron con aquella única cosa que les faltaba y, dejando todo, lo siguieron: «Les aseguro que el que haya dejado casa, hermanos, hermanas, padre, madre, hijos o tierras por amor a mí y por amor al evangelio, recibirá en este mundo cien veces más: casas, hermanos, hermanas, madres, hijos y tierras, aunque con persecuciones. Y en el mundo venidero recibirá la vida eterna» (Mr 10:29-30).

Pedro, Andrés, Juan y los otros discípulos no fueron tras la salvación, pero la encontraron en Jesús. La salvación lleva al seguimiento, y este a la salvación. El seguimiento no es fácil, y va a exigirlo todo, pero es una inversión por la que vale la pena tomar el riesgo. Para algunos, entender que la salvación conduce al seguimiento los desanimará y los entristecerá, pero para otros, la oferta de entregarlo todo por causa de algo más grande que ellos mismos los motivará. El reino de Dios y el Evangelio serán suficiente motivación para darlo todo.

Capítulo 7:
EL PRECIO DEL DISCIPULADO

Momentos después de la famosa confesión de Pedro, Jesús hace un anuncio importante para sus discípulos acerca de los padecimientos y vejámenes que sufriría a mano de los ancianos, los jefes de los sacerdotes y los maestros de la ley, y como consecuencia, su muerte y resurrección. Pedro, escuchando el triste destino que le esperaba al Mesías, lo tomó aparte y comenzó a reprenderlo: «(...) ¡Dios guarde, Señor! —le dijo—. ¡A ti no te puede pasar eso que dices!» (Mt 16:22).

Jesús reprende a Pedro con las famosas palabras: «¡Apártate de mí, Satanás! —dijo Jesús mirando a Pedro—. ¡Me eres un estorbo!» (16:23), pero hemos olvidado prestar atención a las palabras que siguieron a la reprensión de Pedro: «(...) no piensas en las cosas de Dios, sino en las de los hombres» (16:23, NVI). En un momento examinaremos a qué pudo haberse referido Jesús con esta expresión.

Lo siguiente es una dura amonestación con respecto a lo que implica seguir a Jesús:

> *Si alguien desea seguirme, niéguese a sí mismo, tome su cruz y sígame. Porque el que trate de vivir para sí, perderá la vida; pero el que pierda la vida por mi causa, la hallará. ¿De qué les sirve ganarse el mundo entero y perder la vida eterna? ¿Habrá algún valor terrenal que compense la pérdida del alma?* (Mateo 16:24-26)

Estas palabras parecen revelar el reproche de Jesús a Pedro por no pensar como Dios piensa. Meditar en estas palabras nos podría llevar a toparnos con una paradoja, lo que yo llamaré *la paradoja de cogitare* o *del saber.*

Salvar la vida es perderla; quien pierde la vida por su causa la encuentra; ganar en el mundo es perder la vida.

Jesús cuestiona a sus discípulos preguntándoles de qué les sirve ganarse el mundo entero y perder la vida eterna. Solo si Jesús entrega su vida, el hombre puede tener esperanza de alcanzar una vida mejor que la vida terrenal; solo sí Jesús entrega su vida puede el ser humano aspirar a alcanzar algo mayor que la gloria del mundo. Si Jesús no subiera a Jerusalén y no entregara su vida en las manos de los ancianos, de los jefes de los sacerdotes y de los maestros de la ley, si Cristo no tomara su cruz y no entregara su vida para salvarnos, ¿habría algún valor terrenal que compensara la pérdida del alma? ¿Qué puede darse a cambio de la vida? Si Jesús no se entregara, ¿qué podría dar el hombre a cambio de su vida?

> **Solo si Jesús entrega su vida, el hombre puede tener esperanza de alcanzar una vida mejor que la vida terrenal.**

Pensemos de manera hipotética: si Jesús hubiese tropezado con las palabras de Pedro o de Satanás y no hubiese muerto en la cruz, el hombre no podría salvarse, y sin vida eterna, ganar el mundo sería lo mayor a lo que el hombre podría aspirar. ¿De qué le serviría al hombre ganar el mundo si pierde su alma? ¿Y qué podría entregar el hombre a cambio de su vida? Si Jesús no hubiera muerto podríamos tener una buena vida en la tierra, pero una muerte eterna.

El conflicto de Pedro fue escuchar que Jesús, el Mesías, debía sufrir: la absoluta extrañeza de todo esto para Pedro y otros como él no radicaba en la noción de que un mortal pudiera convertirse en un dios. Para culturas como la romana, la divinidad estaba reservada para los más grandes de los grandes: conquistadores, héroes y reyes. Los judíos, a diferencia de los romanos, no creían que un hombre pudiera convertirse en un dios; para ellos, solo había un Dios todopoderoso y eterno, que era el creador de los cielos y la tierra, y lo adoraban como el YHWH. Que ese Dios —de entre todos los dioses— hubiera tenido un hijo, y que ese hijo sufriera el destino de un esclavo y la tortura hasta la muerte en una cruz eran afirmaciones que a la mayoría de los judíos les resultaban increíbles y repulsivas.[49]

Para Pedro, el Cristo debía tener una clara ventaja frente a sus opositores que lo esperaban en Jerusalén; el Mesías esperado debía ser protegido del gobierno romano a toda costa, de los líderes religiosos y de cualquiera que representara una amenaza de muerte para el Cristo. Pero para sorpresa de todos, el Mesías sería asesinado de manera cruel y despiadada por sus enemigos: el Cristo tomaría el lugar de víctima y no de verdugo. Llegar a comprender esto significaría, para Pedro y los demás, «pensar en las cosas de Dios».

Sus discípulos deberán comprender desde el principio que seguirlo es caminar con él a la muerte.

Ahora bien, Jesús dice también: «Si alguien desea seguirme, niéguese a sí mismo, tome su cruz y sígame». Así como el Maestro entrega su vida voluntariamente, anteponiendo la voluntad del Padre a la de sí mismo, sus intereses, sentimientos y emociones (Mt 26:39), así sus discípulos deberán comprender desde el principio que seguirlo es

---

49 Holland, *Dominio*, 14.

caminar con él a la muerte. No hay otro camino que los lleve con su Maestro, solo transitar por donde él transitó y caminar por donde él caminó.

Llama la atención que, dirigiéndose a sus discípulos, Jesús utilice una cláusula condicional: «Si alguien desea». Pero Pedro y los demás ¿no eran ya discípulos de Jesús? Si bien Jesús los invita a participar como discípulos, la decisión es personal en cuanto a permanecer con él en lo que vendrá. Pero esta no es la única decisión que deberán plantearse, sino que también deberán considerar el «tener que negarse a sí mismos». No solo era necesaria la negación a las necesidades más básicas, tales como la familia y el hogar; a esto Jesús añade la negación a sí mismos. Ganar a Cristo exige perder el yo, lo que es una privación y la renuncia a toda confianza en el individuo mismo; es una subordinación de los pensamientos y hábitos.

Como si esto no fuera suficiente, Jesús insiste en que aquel que decida seguirlo deberá también «tomar su cruz». La idea es la de un hombre condenado a muerte que se ve forzado a tomar y cargar su propia cruz hacia el lugar de ejecución; sin embargo, lo que el condenado hace bajo coacción, el discípulo de Cristo lo hace voluntariamente, aceptando voluntaria y decisivamente el dolor, la vergüenza y la persecución que van a ser su suerte debido a su lealtad a Cristo y a su causa. El teólogo Alois Stöger recuerda una verdad olvidada: «El martirio es cosa que sucede una sola vez, mientras que el seguimiento de Jesús en la pasión debe reanudarse cada día»[50].

Las palabras de Jesús terminan con un «y seguirme»; no se puede llegar a ser discípulo si primero no existe una

---

50 Stöger, *El Evangelio según San Lucas*, 128.

negación al yo interno, no se puede llegar a ser discípulo si primero no se toma la cruz de manera voluntaria y decisiva en pos de la negación y la vergüenza.

El intento de Pedro o de Satanás es tratar de apartar a Jesús de la cruz y de la muerte. A pesar de los siglos que nos distancian la estrategia no ha cambiado, y el intento de Satanás sigue siendo apartar a los discípulos de la cruz de su Señor, ofrecer un seguimiento sin cruz, prometer un cristianismo sin seguimiento.

La promesa que hace Jesús a los discípulos para que lo sigan es que para salvar su vida la perderán, pero el que pierda la vida por su causa, la encontrará, y obtendrá su recompensa cuando el Hijo vuelva. Solo aquellos dispuestos a perder en el mundo ganarán la vida, aquellos que encuentren la vida será porque perdieron ante el mundo. La paradoja de pensar y actuar como Dios es la que forma discípulos reales dispuestos a caminar en pos de su Maestro.

Existe un viejo poema llamado «Tu gloria en mi valle» que figura en una colección de devocionales puritanos, que debería ser una oración constante para los discípulos hoy:

Enséñame la paradoja

de que el camino de descenso es el mismo que asciende,

de que humillarse es exaltarse,

de que el corazón quebrantado es el corazón sanado

de que el espíritu contrito es el espíritu gozoso,

de que el alma arrepentida es el alma victoriosa,

de que no tener nada es tenerlo todo,

de que llevar la cruz es llevar la corona,

de que dar es recibir,

de que el valle es el lugar de la visión.

Señor, en el día se divisan tus estrellas

desde el pozo más profundo,

y cuanto más profundo es, mayor es el resplandor de ellas.

Concédeme hallar tu luz en mi oscuridad,

tu vida en mi muerte,

tu gozo en mi dolor,

tu alegría en mi tristeza,

tu gracia en mi pecado,

tus riquezas en mi pobreza,

tu gloria en mi valle.

Como si la salvación no fuera suficiente, Jesús promete una recompensa mayor para aquellos dispuestos a perder en el mundo, a los capaces de entregarlo todo y llevar la cruz: «Yo, el Hijo del hombre, vendré con los ángeles en la gloria de mi Padre y juzgaré a cada persona según sus obras» (Mt 16:27). ¡Gloria a Dios por ese bello momento! Esta es la verdadera victoria en Cristo, la recompensa de los que están dispuestos a pagar el precio, y que implicará juicio para aquellos que lo crucifiquen.

Tercera parte:
DE DISCÍPULO A APÓSTOL

No es necio quien da lo que no puede guardar para ganar lo que no puede perder.

Jaime Elliott, misionero

Camino a Emaús, a unos once kilómetros de Jerusalén, dos hombres iban poniendo al corriente a un peregrino que no se había enterado de lo que había acontecido recientemente en esa ciudad. La conmoción giraba en torno a un tal Jesús de Nazaret, un profeta que ellos solo podían describir como poderoso en obras y en palabras delante de Dios y de todo el pueblo. A este hombre, los jefes de los sacerdotes y los gobernantes judíos lo entregaron para ser condenado a muerte y lo crucificaron. Ya hacía tres días que había sucedido todo esto, según explicaban desanimados los viajeros, que guardaron durante un tiempo la esperanza de que ese hombre fuera quien redimiera a Israel.

Después del día de reposo, muy temprano, algunas de las mujeres del grupo de los apóstoles llegaron al sepulcro: María Magdalena, María (la madre de Jacobo) y Salomé. Al llegar no hallaron su cuerpo, y en cambio se les habían aparecido unos ángeles, quienes les dijeron que el hombre al que buscaban estaba vivo. Las mujeres volvieron de prisa a la casa en Jerusalén en donde estaban ocultos los discípulos, y les informaron lo que les había sucedido.

Al enterarse Pedro y Juan de la noticia, corrieron al sepulcro para ver con sus propios ojos lo que las mujeres habían informado, y encontraron la tumba tal y como ellas lo habían dicho, pero a Jesús no lo vieron. Los dos que iban de camino a Emaús fueron instruidos por el misterioso forastero, comenzando por Moisés y pasando por todos los profetas, y les explicó lo que se refería al Mesías en todas las Escrituras. Al ser abiertos sus ojos, reconocieron que este no era otro más que el Maestro; al instante, se pusieron en camino y regresaron a Jerusalén, donde encontraron a los once y a los demás que estaban con ellos y les contaron todo lo que les había sucedido en el camino (Lc 24:13-35).

Unos días después de estos hechos, los discípulos que habían permanecido en Jerusalén se encontraban reunidos a puertas cerradas poniendo así distancia entre ellos y los dirigentes religiosos que habían perseguido a su líder.

Ya en Galilea, el grupo de hombres aún permanecía unido a pesar de los últimos acontecimientos. Tal vez para permanecer alejado de la gente o quizás huyendo del Jesús resucitado al que había negado unos días atrás, Pedro decide regresar a aquel lago que conoce tan bien, el lugar en donde por mucho tiempo ejerció una profesión en la que era bueno. Como era de esperar, los amigos que formó durante los casi tres años que duró el ministerio de Jesús van con él. En su evangelio, Juan nos da el listado de quienes estuvieron ese día en el lago: Simón Pedro, Tomás —al que llamaban el Gemelo—, Natanael, el de Caná de Galilea, los hijos de Zebedeo y otros dos discípulos. (Jn 21:2).

Al ponerse el sol, los amigos salieron a pescar por iniciativa de Pedro; se embarcaron y lanzaron sus redes, pero no pescaron nada. Al despuntar el alba, Jesús se hizo presente en la orilla sin que los discípulos se dieran cuenta de que era él: «Muchachos, ¿tienen algo de comer? (...)», les preguntó Jesús (21:5). Es importante resaltar que, en sus encuentros previos, Jesús se había presentado a sus discípulos llamándolos por su nombre —en el caso de Tomás— o revelando su identidad, pero esta vez parece ser diferente: como en el relato de los caminantes de Emaús, Jesús trata de mantener en secreto su identidad.

—No —contestaron ellos.

Jesús les dijo:

— Echen la red a la derecha de la barca, y pescarán algo.

Así lo hicieron, y ya no podían sacar la red del agua por tantos pescados que tenía.

El discípulo a quien Jesús quería mucho le dijo a Pedro:

— ¡Es el Señor!

Cuando Simón Pedro le oyó decir: «Es el Señor», se puso la ropa, pues estaba casi desnudo, y se tiró al agua. Los otros discípulos llegaron a la playa en la barca, arrastrando la red llena de pescados, pues estaban como a cien metros de la orilla (Juan 21:5b-8).

La reacción de Pedro parece boba y desesperada, y me hace acordar a la acción del conocido *Forrest Gump*. En una escena, Forrest disfruta de su desayuno junto al teniente Dan en su barco camaronero, en medio del inmenso océano; de pronto, la embarcación recibe una comunicación por radio desde la base, y la persona del otro lado de la radio informa a la tripulación que Forrest tiene una llamada telefónica con la noticia de que su adorada madre está enferma. Al enterarse de esto, el rostro de Forrest se descompone, apartándose de su comida. Sin pronunciar palabra, se pone de pie y dirige la vista en dirección a su madre. Sin pensarlo y sin previo aviso, Forrest salta del barco hacia el mar, nadando hacia la costa o al muelle más cercano.

Pedro reconoció el milagro: esto ya había sucedido una vez hace tres años, y ese día él se había subido a la barca esperando encontrar peces, y a quien encontró fue al Señor. En aquella ocasión, las redes casi se rompían; entonces, desde la barca hizo señas y gritó a sus colegas que estaban en la orilla para que fueran a auxiliarlo, y entre los cuatro pescadores lograron llevar todos los peces a tierra firme. Esta vez, las circunstancias no son muy diferentes a las del primer milagro (Lc 5:1-11): en las dos ocasiones hubo una noche de pesca infructuosa, instrucciones de un extraño de echar las redes por el lado contrario de la barca, obediencia de los pescadores y, como resultado, una gran cantidad de peces. Las condiciones son casi exactamente las mismas: quien cambió fue Pedro.

En este segundo milagro, Pedro también se aventuró en la barca esperando encontrar peces y a quien encontró fue al Señor; pero esta vez no importan los peces, no le interesa su tamaño ni la cantidad o si se rompían las redes. Para Pedro, esta vez solo importa el Señor.

Por eso creo que la reacción de Pedro de saltar de la barca no es exagerada; se vistió apresuradamente y se arrojó al agua al escuchar de parte de Juan lo que él ya sospechaba, que el que estaba parado en la orilla era su Señor y su amigo Jesús. Esta es la reacción de un hombre en busca de propósito y no de una profesión, la de un hombre desesperado por volver a encontrarle sentido a su vida; es la reacción de alguien que no podía conformarse con pescar peces cuando estaba hecho para pescar hombres.

Había pasado apenas una semana y Jesús ya se había aparecido a María Magdalena, a Tomás, a Cleofas y a otros discípulos, pero Pedro no había tenido oportunidad de estar con él a solas, por lo que no había podido decirle algo a Jesús con respecto a su comportamiento de las últimas semanas. Tal vez Pedro solo se conformaría con verlo de cerca antes de que desapareciera como en las otras ocasiones; quién sabe, ya que al llegar a la playa no se registra ningún dialogo entre Jesús y él.

Los otros discípulos siguieron a Pedro y condujeron la barca en dirección a Jesús. Arrastraron la red llena de pescados hasta la orilla (pues estaban como a cien metros de la playa) y al desembarcar vieron unas brasas con un pescado encima y un pan. Parece que ninguno de ellos tenía dudas de que aquel hombre era Jesús, y por eso no hubo preguntas innecesarias por parte de los discípulos. Las únicas palabras registradas en todo este relato son de Jesús e implican una orden: «Tráiganme algunos de los pescados que acaban de sacar» (Jn 21:10). Simón Pedro subió a bordo y arrastró hasta la orilla la red, que estaba llena con ciento cincuenta tres peces de buen tamaño.

Después de eso, Jesús les hace una invitación a desayunar. Nadie se atrevió a preguntar quién era él porque sabían que era el Señor. Compartieron juntos ese momento y los alimentos; era la tercera vez que el Mesías se les aparecía después de haber resucitado.

Capítulo 8:
LA RESURRECCIÓN Y EL REENCUENTRO

En la primera parte del libro nos topamos con este gigante de la fe convertido en un apóstol consolidado, guardián valeroso y testigo aprobado de la verdad que le fue encomendada, con el don del habla para convencer a los hombres de su pecado y con la providencia divina para sanar enfermos solo con su sombra; un viajero del mundo con la misión de fortalecer creyentes en la verdad, y docto en lo que respecta a las Escrituras. Por las razones anteriores, también fuimos testigos de cómo sus mejores años habían pasado y vimos cómo el mundo en el que vivía ya no era un lugar para hombres como él. Ya para el final de sus días, Pedro era un maestro por excelencia de todos los cristianos del mundo y de todos los tiempos, un hombre que no temía a la muerte ni a los hombres, preocupado únicamente por el vacío que dejaría en aquellos a los que enseñaba y que todavía lo necesitarían para aprender de su Señor.

Al hablar así de este hombre, con tales antecedentes, esperaríamos encontrarnos con una persona con el pasado de Pablo: un Saulo de Tarso, un judío con buena preparación y con una excelente educación, instruido en la ley, con capacidades intelectuales y docentes sobresalientes, pero lo cierto es que en la segunda parte nos encontramos con Simón, hijo de Juan, un sencillo pescador. Nos queda claro que Pedro era un hombre común y no lo suficientemente diferente, especial, asombroso o extraordinario que se destacara en una multitud; más bien, el retrato de este individuo es el de un hombre que no era lo suficientemente bueno para los estándares de la época, no lo consideraron idóneo como para desempeñar la tarea de educar a otros. Si hemos estudiado sus mejores momentos, también debemos profundizar en los peores. Solo momentos después del segundo milagro de la pesca milagrosa, mientras los discípulos desayunaban a la orilla del lago, ocurre una charla entre Pedro y Jesús.

No olvidemos que pocos días antes de esta conversación Simón Pedro había traicionado a Jesús por cobardía, negándolo tres veces delante de muchos testigos (Mt 26:69-75). Esta negación a su Maestro lo había hecho caer tan bajo que demandaba una restitución o restauración muy especial (así es como se conoce a este último relato del evangelio de Juan).

Pedro era buen pescador, pero era mejor discípulo. Como ya dije, Pedro era buen pescador, pero era mejor discípulo, y Jesús va a Galilea en busca de su más eufórico y animoso amigo. Pedro fue un hombre de aciertos durante el ministerio de Jesús y los evangelios registran sus grandes momentos (solo por mencionar algunos ejemplos, su famosa confesión en torno a la identidad de Jesús, y lo que puedo destacar como uno de mis relatos favoritos en torno a este personaje, la poderosa fe para poder bajar de la barca y caminar —aunque sea por un momento— sobre las aguas).

Pero a decir verdad fueron más sus desaciertos, y los evangelios no son amables con Pedro para ocultar sus desatinos. Para no ir muy lejos, hace solo una semana (la noche en la que Judas entregó a Jesús), Pedro tomó la espada y le cortó la oreja al siervo del sumo sacerdote. Supongo que la intención de Pedro no era la de cortar la oreja del hombre, sino que entiendo que, por un reflejo del siervo del sumo sacerdote o un desacierto en el golpe de Pedro, la espada pasó a centímetros del rostro del hombre. Probablemente el propósito era golpear con todas las fuerzas al hombre con la espada, no importando el lugar de la cabeza en donde acertara el golpe. Así era Pedro, impetuoso e impredecible, pero también era un hombre leal, capaz de hacer lo prohibido por proteger a su Maestro y amigo.

Jesús sabía que con esta restauración devolvería sentido y propósito a la vida de Pedro, quien después de la traición solo se sentía pescador y no discípulo.

La restitución de Pedro —de la cual ya mucho se ha hablado y se ha escrito— no es sobre la traición, sino que más bien su tema es el amor. Jesús sabía que con esta restauración devolvería sentido y propósito a la vida del hombre quien después de la traición solo se sentía pescador y no discípulo.

Cuando terminaron de desayunar, Jesús le preguntó a Pedro: «Simón, hijo de Juan, ¿me amas más que estos?». La pregunta, además de inesperada, debió ser considerada por los otros discípulos como falta de tacto, ya que alrededor de la fogata estaban todos reunidos, y frente a ellos se exhibían los actos cobardes de Pedro al negarlo. La respuesta de Pedro apela a los años de amistad previos a la traición: «Sí, Señor, tú sabes que te quiero». Ni Pedro, ni Jesús ni los otros discípulos podían negar el afecto que sentía por el Mesías, pero ese afecto que afirmaba tener no alcanzaba el estándar por el que preguntaba. Jesús pregunta por amor, un amor mayor al que los otros discípulos podían sentir; Pedro no se atreve a afirmar que el afecto que siente por el Maestro sea mayor al de los demás ni osa utilizar la palabra que usa Jesús, sino que afirma que lo que tiene por Jesús es una gran estima. Jesús responde con la famosa frase: «Cuida de mis corderos» (Jn 21:15).

Volvió Jesús a preguntarle: «Simón, hijo de Juan, ¿me amas?». Parecía que la respuesta de Pedro no había dejado satisfecho a Jesús, y ahora es Jesús quien baja los estándares de amor en la pregunta hacia Pedro, ya que la nueva frase no incluye «más que estos», pero sí vuelve a confrontar al pescador apelando al amor del líder no designado de sus discípulos. «Sí, Señor, tú sabes que te quiero». La respuesta de Pedro es igual a la primera; Pedro está seguro de que lo que siente por Jesús es un amor fraternal, un afecto especial que lo hizo temer en varias ocasiones por la muerte de su amigo, al punto de sacar una espada en el momento de su aprehensión para defenderlo, un cariño que lo había hecho prometer que mientras él estuviera con Jesús nadie iba a hacerle daño (Mt 26:35). Jesús responde diciendo: «Cuida de mis ovejas» (Jn 21:16).

Por tercera vez Jesús le preguntó: «Simón, hijo de Juan, ¿me quieres?». Parece que los intentos de Pedro por convencer a Jesús del aprecio que sentía por él no funcionaron. Esta vez, Jesús cambia la pregunta y baja aún más el estándar del amor con respecto a los cuestionamientos anteriores: la pregunta cambia de «¿me amas?» a «¿me quieres?». Pedro ya había respondido que sí a la pregunta, pero la insistencia de Jesús parece afectar los sentimientos del tosco pescador, a quien le duele que por tercera vez le haga esta pregunta. Si la intención era hacerlo sentir mal por su traición, Jesús lo ha logrado. Quizás lo que Jesús estaba haciendo es lo que ya muchos otros han apuntado: preguntar una vez por cada negación, aunque a eso no lo sabemos; lo cierto es que la respuesta de Pedro apela al conocimiento de Jesús de todas las cosas: «Señor, tú lo sabes todo; tú sabes que te quiero». Pedro era consciente de la capacidad de Jesús de saberlo todo y que, así como podía saber los pensamientos de los fariseos, sabía lo que él sentía por su Maestro.

Jesús pone punto final a la conversación invitando a Pedro a participar del ministerio y del llamado del cual el pescador pensaba que ya no formaba parte, o al que suponía que había renunciado al marcharse de Jerusalén. El Hijo de Dios restituye el llamado del hombre que sentía culpa por haberlo negado y añade: «Cuida de mis ovejas» (Jn 21:17).

Me resulta curioso que Jesús use oficios comunes como modelos de la misión de Pedro. Jesús lo invita a la acción primero siendo «pescador de hombres», y en esta segunda ocasión lo anima y lo vuelve al ministerio con las palabras «apacienta» y «cuida», ocupaciones propias de los pastores. La misión de Pedro, que había iniciado con la promesa de ser un pescador de hombres, ahora tendrá alcances mucho mayores, ya que su llamado continuará durante los siguientes años con la tarea de cuidar y apacentar a la grey del Señor —como bien vimos en la primera parte del libro—, cumpliendo con su misión hasta el último día de su vida.

Capítulo 9:
DE VUELTA A LA MISIÓN

Una vez restituido el discípulo, Jesús hace una declaración a Pedro en la que surge lo que llamo «el segundo llamado». En el primer llamado, Jesús invita a Pedro a seguirlo y a caminar con él (esto ocurre en el marco de la primera pesca milagrosa), y la oferta del seguimiento es precedida por una promesa irrechazable que Pedro no puede dejar pasar: «Te haré pescador de hombres». Como ya se dijo en la segunda parte de este libro, esta era una propuesta para una vida mejor; era una invitación a participar en una tarea trascendente, y era la oportunidad de sacrificar un estilo de vida de pescador por uno mejor como discípulo. Pedro, como cualquiera de nosotros, entiende lo que significa un cambio de vida y lo acepta, y dejando atrás familia, hogar y trabajo emprende el viaje en pos del Maestro para convertirse en un pescador de hombres.

No pasó demasiado tiempo para que esta promesa encontrara su cumplimiento en la vida de Pedro: ser pescador de hombres comienza a cumplirse solo instantes después de la venida del Espíritu Santo, quedando confirmado en su primer mensaje público por el cual se convirtieron al menos tres mil hombres y siendo esto probado por su segundo sermón registrado en el libro de Hechos, en donde se convierten al menos dos mil más. Pero no solo fueron los discursos, sino que, a través de él, Dios sanó enfermos con solo su sombra, expulsó demonios y durante años predicó por todo el mundo antiguo y escribió epístolas que se preservan hasta el día de hoy. Eusebio de Cesarea explica mejor que nadie lo que ocurrió con Pedro y los otros discípulos:

> ¡Cristo llamó a hombres oscuros y sin educación, de oficio pescadores, y los hizo legisladores y maestros de la humanidad! «Os haré pescadores

> *de hombres», dijo Cristo, ¡y qué bien ha cumplido él la promesa! Él dio poder a los apóstoles, de modo que lo que recibieron pudiera traducirse a todos los idiomas, civilizados y bárbaros, y pudiera ser leído y ponderado por todas las naciones, y las enseñanzas pudieran ser recibidas como la revelación de Dios.*

En conclusión, con respecto al primer llamado, podemos valorar su ministerio como exitoso, ya que el Señor cumplió la promesa hecha a Pedro y lo convirtió en un pescador de hombres. La obediencia del pescador de dejar todo atrás y sacrificar su estilo de vida por otro mejor rindió frutos al ciento por uno: Pedro atrajo al conocimiento de Cristo a grandes multitudes, en todo momento y en todo lugar.

Teniendo esto claro, veamos ahora por un momento el segundo llamado. Estas son las palabras dichas por Jesús después del relato de la restauración de Pedro:

> *Es verdad que cuando eras más joven tú mismo te vestías e ibas a donde querías; pero cuando seas viejo, extenderás los brazos y otro te vestirá y te llevará a donde no quieras ir (Juan 21:18).*

Con la afirmación «Es verdad que (...)» —como traducen algunas versiones de la Biblia en lugar del «De cierto, de cierto te digo»—, lo que está haciendo Jesús es poner énfasis en las palabras que desarrollará a continuación. Esta expresión es repetida por Jesús en varias ocasiones en los Evangelios, y preceden a una verdad ciertísima relacionada al reino de los cielos. Luego de estas palabras, Jesús describe la clase de muerte con la que Pedro glorificaría a Dios:

Jesús dijo esto para dar a entender de qué manera moriría Pedro y así glorificaría a Dios. Después le dijo: —¡Sígueme! (Juan 21:19)

Si me permites parafrasear las palabras de Jesús a Pedro, las pondría de esta manera: «De joven hacías e ibas a donde querías, pero cuando seas más viejo te llevarán a un lugar adonde no querrás ir y allí vas a morir de forma violenta, y con tu muerte glorificarás a Dios». La promesa de Jesús se cumplió pronto en la vida de Pedro, y tal lo dicho, Pedro glorificó a Dios con el tipo de muerte que tuvo. Como ya vimos, la tradición cristiana de la iglesia atribuye la muerte de Pedro a los romanos, por crucifixión, en el año 64 d. C.

No olvidemos que, en vísperas de la muerte del Señor Jesús, Pedro desconoció a su Maestro por temor a que lo apresaran junto con él, por lo que junto con los otros huye a esconderse en Jerusalén a puertas cerradas, pensando en lo que pudieran hacerle los judíos (Jn 20:19). Ahora bien, en sus últimos días, el valiente discípulo no huye ni se esconde; más aún, no niega a su viejo amigo y Maestro. Esta vez, Pedro prefiere negarse a sí mismo antes que negar a Jesús; su lealtad y amor por el Señor lo llevarán a morir crucificado, pero no solo eso, sino que en medio de su ejecución solicitará a sus verdugos morir boca abajo porque no se considera digno de morir como su Señor.

Pedro creció y maduró como discípulo, convirtiéndose en el líder no designado de los doce.

¡Pedro había aprendido la lección y nunca repetiría su error! Si cuando era más joven negó a su amigo tres veces por temor, tal vez y solo tal vez, el tema de su traición estaba relacionado con el amor que el discípulo sentía en ese momento de su vida hacia Jesús. Déjame ponerlo de esta manera: después de este evento traumático que marcó su vida para siempre, Pedro creció y maduró como discípulo, convirtiéndose en el líder no designado de los doce, en uno de los apóstoles sobre los cuales había recaído la responsabilidad de enseñar a otros a obedecer los mandamientos que Jesús les había dado. Mientras Pedro transitaba por ese largo camino, pasaron los años y vivió cosas que afianzaron su fe y lealtad al Señor, haciendo que su amor hacia Jesús se incrementara a lo largo de su vida. Eso significa entonces que, al final de sus días, el apóstol Pedro amó tanto al Señor que cuando llegó el día de decidir negarlo o morir por él, la decisión fue fácil para el viejo apóstol. Jamás volvería a cometer el error de su juventud, jamás volvería a negar a su amigo; lejos de eso, siempre elegiría negarse a sí mismo y entregarse a una muerte brutal. Las palabras de Jesús en Lucas 9:23 (NVI) resumen los últimos años del ministerio de Pedro: «Si alguien quiere ser mi discípulo, que se niegue a sí mismo, tome su cruz (...)».

¡Pedro pagó el precio de su llamado! ¡Gloria a Dios!

La última conversación registrada en los Evangelios entre Jesús y Pedro, que incluye las tres preguntas sobre el amor y la promesa de su muerte, pueden parafrasearse así: «Quizás ahora no me ames como deberías amarme, y por eso me negaste tres veces. Quizás el amor que hoy sientes por mí sea pequeño como un "te quiero", quizás el amor que sientes por mí hoy no llene las expectativas de cómo un discípulo debe amar a un maestro, y mucho menos cómo se debe amar a Dios, pero va a llegar el día —no ahora, Pedro, sino cuando seas viejo— en que me amarás de verdad. Ese día vas a amarme mucho, al punto de entregar tu vida voluntariamente, y serás capaz de negarte a ti mismo hasta la muerte con tal de glorificarme».

Pedro fue tras la promesa de una vida mejor y en ese camino encontró la promesa de una muerte violenta. Puedo asegurarte que si le preguntáramos a Pedro si fue provechoso para él, nos diría que cada momento, cada circunstancia y cada dificultad valieron la pena, que con Jesús hubo más momentos buenos que malos, y que es mejor una vida que se pierde en Dios que ganar el mundo entero. Estoy seguro de que Pedro confirmaría que vale la pena llevar la cruz, que vale la pena negarse con tal de glorificar a Dios, que ser discípulo de Jesús es lo mejor que le pudo pasar en la vida.

Pedro encontró el tesoro escondido en el campo del que habló Jesús: lleno de alegría, fue y vendió todo lo que tenía y compró ese campo, porque supo ver el valor que nadie más pudo ver. Pedro fue como aquel comerciante que andaba buscando perlas finas, que cuando encontró una de gran valor, fue y vendió todo lo que tenía y la compró. Él vio el mérito de sacrificar la vida de pescador que llevaba porque supo ver el gran valor que había en dedicar su vida a la obra de Dios; estuvo dispuesto a sacrificar aquello que consideró de valor por conseguir algo mayor, algo más grande y trascendente.

Y tú, ¿qué harías?

CONCLUSIÓN

¿Y tú? ¿Amas lo suficiente al Señor hoy como para negarte a ti mismo? Si la respuesta es un «todavía no», eres como el Pedro de los Evangelios o como yo. A pesar de escribir un libro sobre el discipulado radical, aún me hace falta aprender a amar al Señor con un amor tan grande como para negarme en todas las áreas de mi vida, aún me hace falta aprender a amarlo para vivir de una forma en la que pueda glorificarlo en cada aspecto de mi vida. Estoy seguro de que este no es el final de mi historia con Dios, así como tampoco es el final de tu historia.

Como aquel pescador, nosotros hemos recibido la misma invitación a caminar con él, y esa primera invitación te hace seguirlo hacia la vida. Pedro no pudo «convertirse» en el sentido moderno de la palabra, pero sí dejó sus redes atrás. El primer paso de la obediencia llevó a Pedro lejos de sus redes, así como debió haber alejado de sus riquezas al joven rico. Al igual que Pedro, no serás capaz de rechazar una oferta como esa porque la invitación de Jesús está acompañada de la promesa de participar de una vida mejor y de cambiar una existencia terrenal manchada de pecado por una vida eterna de santidad. La promesa es vida abundante. Si comenzaste a leer estas páginas es porque seguramente compartes la fe en el Hijo de Dios, y en algún momento de tu vida has puesto tu esperanza y has invitado a Jesús a ser el Señor de tu vida y de tu corazón. ¡Te felicito por eso! Aceptaste el primer llamado de Jesús, y esa siempre será la mejor decisión de tu vida. Dios cumple sus promesas a toda costa, a pesar de nuestros errores y debilidades; él nos prometió que cualquiera con fe se salvaría, pero déjame decirte que nada se compara con una vida terrenal caminando a su lado.

Quizás no te sientas el más calificado para participar de esa vida en esta tierra, o no te sientes el más idóneo para ser discípulo de Jesús y caminar junto a él, pero quiero recortarte aquel primer encuentro de Jesús con Pedro en aquella playa del lago de Galilea. Recuerda que cuando Jesús salió a buscar a sus discípulos no lo hizo en las sinagogas o en el templo de Jerusalén, sino que lo hizo en aquel lugar donde estaban los pescadores. Aquel día, una gran multitud se abalanzó sobre él para escuchar su mensaje, pero Jesús tenía la vista fija en unos hombres que quizás en ese momento de su vida no estaban tan interesados en las cosas de Dios —como podría ser tu caso hoy—. Tal vez ya no asistes a una iglesia, o si lo haces preferirías no estar allí, y oyes cómo predican acerca del mensaje de Dios, pero no te interesa mucho escuchar con atención; estás presente durante el culto, pero no pones atención, te distraes con facilidad. Si puedes verte a ti en esta descripción, pues tengo buenas noticias para ti: ese es el tipo de hombres y mujeres en los que se fija Jesús para que sean sus discípulos.

Tal vez no sea solamente que no estés tan interesado en las cosas de Dios, sino que crees que el pecado en tu vida no te dejaría ser un discípulo de Jesús. Te recuerdo que aquel mismo día, Pedro cayó de rodillas ante Jesús y le dijo: «—¡Apártate de mí, Señor, porque soy un pecador!» (Lc 5:8), y que Pedro se expresara así significa que él tampoco era el hombre más santo de Israel, y Jesús lo sabía. Él sabía que Pedro pecaba y que pecaría todavía más durante su ministerio, pero eso no evitó que Jesús lo eligiera como parte de su grupo selecto. Aquel pescador no era un santo, y Jesús no esperó a que lo fuera para llamarlo.

Lo mismo pasa contigo y conmigo: Jesús sabe que somos pecadores y aun así nos invita a ser parte de sus discípulos.

Él no esperará a que dejemos de pecar o a que maduremos lo suficiente como para ser dignos discípulos suyos, para entonces sí invitarnos a seguirle. Fallaremos, sí, pero ese no será el fin del camino; como Pedro, cometeremos errores, fracasaremos y a veces nos alejaremos de él. Pero no importan los errores, siempre habrá tiempo para corregirlos y seguir tras el Maestro. Créeme que la mayoría de las veces él es quien te buscará, y eso es porque eres un mejor discípulo que un pescador, ya que ese estilo de vida no va más contigo. Después de que él mismo te recuerde que solo es cuestión de estar dispuesto y de seguirlo, te levantarás y continuarás el camino que ha trazado para ti; si te caes, recoges tu cruz y lo sigues cada día de tu vida. Es en el seguimiento que nos santificamos, es caminando con él que aprendemos a aborrecer el pecado.

Caminarás con él y te darás cuenta de que nada de esto es inmediato: es posible que amar al Señor y dejarlo gobernar tu vida tome más tiempo de lo que creías (para algunos de nosotros quizás eso nos lleve el resto de nuestras vidas), pero sin importar el tiempo que nos tome, lo más importante es caminar con Jesús, escucharlo, aprender de él, ser como él. Solo siguiéndolo y siendo su discípulo es como aprendes a amarlo.

Como a Pedro y como a mí, el segundo llamamiento llega en otro momento de la vida, para algunos tal vez unos años después del primero, y para otros —como a Pedro y a mí— quizás en uno de los peores momentos. Pedro se encontraba en el punto más bajo de su andar con Jesús, después de no cumplir todas sus promesas al Señor, y luego de fallar cuando más se esperaba de él como discípulo de Jesús. Tal vez como a Pedro, el segundo llamado te llegará no solo después de haber fallado a tu Señor, sino en un momento crítico de tu existencia, cuando más perdido te sientas y no encuentres sentido a lo que ocurre en tu vida.

El segundo llamado o la segunda invitación no tiene que ver con la salvación, porque él ya nos la entregó y la hemos recibido por fe y gracia, sino que tiene que ver con el asunto del amor, de cuánto y cómo amamos al Señor, y de cómo y cuánto lo amaremos para ir en pos de él todas las veces que caigamos. No se sigue a Jesús para obtener la vida eterna, sino por causa de la vida eterna se sigue a Jesús. Dios hizo posible la salvación, y por eso para algunos de nosotros es posible el seguimiento como discípulos.

¡La salvación es para todos, el seguimiento solo para unos cuantos!

Quizás la mente o el corazón te dirán que a esta altura de tu vida y con tus antecedentes no serás un buen discípulo, pero justamente ese es el tipo de discípulos a los que Jesús llamó. Sobre las espaldas de pecadores transformados como Pedro es que Cristo edifica a su iglesia, no sobre hombres y mujeres perfectos, sino sobre hombres y mujeres llenos de errores, con luces y sombras, con personalidades que necesitan trabajo; hombres y mujeres con carencias de todo tipo, incluso en el conocimiento de las Escrituras. Lo que ocurrió aquel día en la playa del lago de Galilea invirtió el sistema maestro-discípulo; Pedro y los otros no fueron considerados lo suficientemente buenos, de acuerdo a los estándares de la época, para convertirse en discípulos, no tenían el suficiente conocimiento o las habilidades para aprender o enseñar, ni siquiera para ser considerados para el último nivel de la educación judía. A Jesús no le importó eso, y por eso es que llamó a hombres sencillos y los convirtió en maestros de la humanidad. Tu nivel de conocimiento bíblico y teológico no es un requisito para determinar qué tan buen discípulo serás, sino que Jesús llama a sus discípulos para enseñarles todo lo que el Padre le ha dado, por lo que no se puede caminar con Jesús y no aprender de él. ¡Es la razón misma del discipulado!

En conclusión, debes tener claro que los que seguimos a Jesús no somos gente perfecta, sino que somos discípulos en construcción. Jesús sabe que sus discípulos fallan y fallarán, pero también sabe que los que él llama no se amoldarán a un estilo de vida pecaminoso, sino que serán personas que trabajarán en cambiar y mejorar hábitos y conductas para parecerse más a él; será gente que aprenderá de otros y que pase lo que pase, siempre retomarán el camino que los lleva a la cruz, porque la cruz no es el mal y ni un destino penoso, sino que es el comienzo de la comunión con Jesús. La cruz es un sufrimiento necesario.

No siempre llenaremos el perfil que la gente espera; difícilmente podrán distinguirnos entre la multitud y quizás no nos consideren lo suficientemente buenos para la tarea, pero lo cierto es que el Señor ve en nosotros algo que nadie más ve, y por eso nos escogió y nos llamó a participar de su ministerio terrenal. Somos gente que, yendo tras la promesa de una vida eterna, hemos hallado la invitación a la muerte, muerte a nuestros deseos y sueños; somos gente que aprende a negarse a sí misma, con todo lo que eso implica.

El seguir a Jesús exigirá todo de ti. Para algunos, entender que la salvación conduce a seguirle los desanimará y los entristecerá, pero para otros la oferta de entregarlo todo por causa de Dios será suficiente para comenzar el viaje que terminará en una cruz. Seguir a Jesús significa para algunos de nosotros —como para Pedro— aborrecer la vida en este mundo y estar dispuesto a perderla para el mundo con tal de ganarla para Dios.

Hay varias cosas que me hacen pensar que la historia de Pedro es especial, no porque sea *fan* del personaje o porque me recuerde a una parte específica de mi vida, sino porque sus convicciones e ideales de fe son críticos al punto de llevarlo a la muerte. Creo que la historia de Pedro es inspiradora; su inicio se desarrolla en las humildes redes de un pescador que, mediante el llamado extraordinario de Jesús, se convierte en un apóstol cuyo testimonio y enseñanzas continúan inspirando a generaciones de creyentes. Es mi oración que su ejemplo te motive a seguir a Jesús con pasión a pesar de tus imperfecciones y a confiar en que, como Pedro, podemos encontrar propósito, perdón, redención y transformación en nuestra vida. Espero que su ejemplo siempre nos recuerde que todos somos imperfectos y que es a través de la gracia divina que podemos convertirnos en instrumentos poderosos en manos de Dios.

BIBLIOGRAFÍA

- Blomberg, Craig L. *De Pentecostés a Patmos: una introducción a los libros de los Hechos a Apocalipsis.* Vida, 2011.

- *Bruce, F. F. Hechos de los Apóstoles: introducción, comentarios y notas. Desafío, 2007.*

- *Bovon, François. El Evangelio Según San Lucas II, Lc 9, 51-14, 35. Sígueme, 2002.*

- *Davids, Peter H. La primera epístola de Pedro. CLIE, 2004.*

- *Fletcher, John y Ropero, Alfonso. Historia General del cristianismo: del siglo I al siglo XXI. N. R.: CLIE, 2008*

- *García, Santiago. Evangelio de Lucas en Comentarios a la Nueva Biblia de Jerusalén. Desclée de Brouwer, 2012.*

- *González, Justo. Historia abreviada del pensamiento cristiano. CLIE, 2016.*

- *Harrison, Everett F., Bromiley, Geoffrey W. y Henry, Carl F. H., eds. Diccionario de Teología. Desafío, 2006.*

- *Hastings, James. Dictionary of the apostolic church. 2 tomos. Charles Scribner's Sons, 1918.*

- *Hendriksen, William. Comentario al Nuevo Testamento: El Evangelio según San Lucas. Libros Desafío, 2002.*

- *Holland Tom. Dominio: cómo el cristianismo dio forma a Occidente. Ático de los libros, 2020.*

- Keener, Craig S. *Comentario del contexto cultural de la Biblia: Nuevo Testamento.* Mundo Hispano, 2017.

- Ropero, Alfonso. *Mártires y perseguidores: historia general de las persecuciones, siglos I-X.* CLIE, 2010.

- Steuart McBirnie, William. *En busca de los doce apóstoles.* Tyndale House Publishers, 2009.

- Sywulka, Pablo. *El sufrimiento de Cristo como patrón para el creyente en I Pedro, Kairós 8 (1991): 53-67.*

- Schmidt, Josef. *Evangelio Según San Lucas.* Herder, 1968.

- Stöger, Alois. *El Nuevo Testamento y su mensaje: el Evangelio según San Lucas.* Herder, 1979.

- Thielman, Frank. *Teología del Nuevo Testamento.* Vida, 2006.

- Thielman, Frank. *Síntesis del Nuevo Testamento.* Vida, 2005.

- Walvoord, John F. y Zuck, Roy B. *El conocimiento bíblico, un comentario expositivo: Nuevo Testamento, tomo 2: San Juan, Hechos, Romanos.* Las Américas, 1996.

- Wood, D. R. W. *Nuevo Diccionario Bíblico Certeza, segunda edición.* Certeza, 2008.

- Yancey, Phillip. *El Jesús que nunca conocí.* Vida, 1996.

NOTAS

ALGUNAS PREGUNTAS QUE DEBES RESPONDER:

¿QUIÉN ESTÁ DETRÁS DE ESTE LIBRO?

Especialidades 625 es un equipo de pastores y siervos de distintos países, distintas denominaciones, distintos tamaños y estilos de iglesia que amamos a Cristo y a las nuevas generaciones.

e625.com

¿DE QUÉ SE TRATA E625.COM?

Nuestra pasión es ayudar a las familias y a las iglesias en Iberoamérica a encontrar buenos materiales y recursos para el discipulado de las nuevas generaciones y por eso nuestra página web sirve a padres, pastores, maestros y líderes en general los 365 días del año a través de **www.e625.com** con recursos gratis.

ZONA DE CONTENIDO
PREMIUM

¿QUÉ ES EL SERVICIO PREMIUM?

Además de reflexiones y materiales cortos gratis, tenemos un servicio de lecciones, series, investigaciones, libros online y recursos audiovisuales para facilitar tu tarea. Tu iglesia puede acceder con una suscripción mensual a este servicio por congregación que les permite a todos los líderes de una iglesia local, descargar materiales para compartir en equipo y hacer las copias necesarias que encuentren pertinentes para las distintas actividades de la congregación o sus familias.

¿PUEDO EQUIPARME CON USTEDES?

Sería un privilegio ayudarte y con ese objetivo existen nuestros eventos y nuestras posibilidades de educación formal. Visita **www.e625.com/Eventos** para enterarte de nuestros seminarios y convocatorias e ingresa a **www.institutoE625.com** para conocer los cursos online que ofrece el Instituto E 6.25

¿QUIERES ACTUALIZACIÓN CONTINUA?

Regístrate ya mismo a los updates de **e625.com** según sea tu arena de trabajo: Niños - Preadolescentes - Adolescentes - Jóvenes.

¡APRENDAMOS JUNTOS!

e625.com   ⊚ ⬤ ⬤ ⬤ ⬤ /**e625**COM

CAPACITACIÓN Y ACTUALIZACIÓN MINISTERIAL ONLINE DE NIVEL UNIVERSITARIO

SIGAMOS CRECIENDO JUNTOS

WWW. INSTITUTOe625. COM

¡SUSCRIBE A TU MINISTERIO PARA DESCARGAR LOS MEJORES RECURSOS PARA EL DISCIPULADO DE LAS NUEVAS GENERACIONES!

Lecciones, bosquejos, libros, revistas, videos, investigaciones y mucho más

e625.com/premium

ZONA DE CONTENIDO
PREMIUM

Sigue en todas tus redes a:

/e625COM

SÉ PARTE DE LA MAYOR COMUNIDAD DE EDUCADORES CRISTIANOS

Suscripción de **materiales premium** para iglesias

Recursos gratis

Tienda con envíos internacionales

Chat en tiempo real

Revista Líder 6.25

Educación online **www.institutoe625.com**

Eventos de **actualización** ministerial

Seminarios para iglesias locales

Libros Online

e625.com
TE AYUDA
TODO EL AÑO